ERICH SCHMIDT VERLAG

Anfertigung und Präsentation von Seminar-, Bachelor- und Masterarbeiten

Tipps, Fehlervermeidung, Konzeption von Fragebögen

Von

Prof. Dr. Klaus Watzka

6., durchgesehene Auflage

ERICH SCHMIDT VERLAG

Bibliografische Information der Deutschen Nationalbibliothek
Die Deutsche Nationalbibliothek verzeichnet diese Publikation in der Deutschen Nationalbibliografie; detaillierte bibliografische Daten sind im Internet über http://dnb.d-nb.de abrufbar.

Weitere Informationen zu diesem Titel finden Sie im Internet unter
ESV.info/978-3-503-18792-8

1.–4. Auflage 2004–2011
Verlag Gertrud Scheld, Fachbibliothek Verlag, Paderborn-Marienloh

5. Auflage 2018
6. Auflage 2019

ISBN 978-3-503-18792-8

Dieses Papier erfüllt die Frankfurter Forderungen
der Deutschen Nationalbibliothek und der Gesellschaft für das Buch
bezüglich der Alterungsbeständigkeit und entspricht sowohl den
strengen Bestimmungen der US Norm Ansi/Niso Z 39.48-1992
als auch der ISO Norm 9706.

Druck und Bindung: Kösel, Altusried-Krugzell

Vorwort zur 6. Auflage

Die Nachfrager haben gesprochen! Schon relativ kurze Zeit nach Erscheinen der 5. Auflage dieses Werkes gehen die Bestände beim Verlag zur Neige. Das freut auch den Autor. Zeigt es doch, dass die Inhalte des Buches nicht am Bedarf der Studierenden vorbeigehen. Der Wunsch nach Orientierung bei der Anfertigung und Präsentation von wissenschaftlichen Arbeiten ist offensichtlich unvermindert hoch.

Nachdem die 5. Auflage eine umfassende Neubearbeitung und Erweiterung erfahren hatte, konnte ich mich bei der jetzt vorliegenden 6. Auflage auf die Vornahme einiger Aktualisierungen bei Quellenangaben und rechtlichen Hintergründen zum Datenschutz bei Fragebogenerhebungen sowie auf die Verbesserung einiger Formalia konzentrieren.

Ich würde mich freuen, wenn das Buch weiterhin vielen Lesern ein hilfreicher Wegweiser bei der Wanderung durch das oft unbekannte Gelände der wissenschaftlichen Arbeiten ist.

Jena, Juli 2019 Klaus Watzka

Vorwort zur 5. Auflage

Vergangenheit, Gegenwart und Zukunft! Die wissenschaftliche Arbeit war und ist ein ewig junger Klassiker und wird auch künftig aus der Hochschule nicht wegzudenken sein. Sich tiefgründig und differenziert auf schriftlicher Ebene mit einem Thema auseinanderzusetzen, ist ein zentraler Baustein der Ausbildung junger Akademiker. Insofern bin ich einmal so mutig, der wissenschaftlichen Arbeit ein ewiges Leben zu prophezeien. Also werden auch die vielen Fragezeichen in den Augen der Studierenden bleiben, wenn sie erstmals mit dieser Leistungssituation konfrontiert sind. Nach meinem persönlichen Eindruck sind die Fragezeichen in Zeiten des *„Ich google das mal"* oder des *„Ich schau mal in der Wikipedia"* eher größer, denn kleiner geworden. Denn viele Informations- und Wissenshäppchen machen noch lange keine gelungene wissenschaftliche Arbeit aus. Insofern freue ich mich, dass dieser kleine Ratgeber in seiner 5. Auflage beim Erich Schmidt

Verlag eine neue Heimat gefunden hat. Herzlich bedanken möchte ich mich in diesem Zusammenhang bei meinem geschätzten Kollegen Prof. Dr. Guido Scheld, der mich in der grauen Urzeit des Jahres 2004 zur Anfertigung dieser Schrift ermuntert hat und mit seinem Fachbibliothek-Verlag die ersten vier Auflagen engagiert begleitet hat.

Was ist neu in der 5. Auflage? Das Buch hat eine schon länger geplante große Erweiterung um einen dritten Teil erfahren. Viele wissenschaftliche Arbeiten beinhalten auch einen empirischen Teil in Form schriftlicher Befragungen. Studierende stehen damit vor der Aufgabe, einen Fragebogen zu konzipieren, eine Befragung zu organisieren und auszuwerten. Ausführliche Hinweise sollen die Gestaltungsalternativen samt ihrer jeweiligen Vor- und Nachteile aufzeigen und gravierende Fehler vermeiden helfen.

Und dann gibt es ja auch noch den „inneren Schweinehund“ oder die „Prokrastinationstendenz“, wie Psychologen heutzutage in ihrer gepflegten Sprache zu formulieren geruhen. Studierende quälen sich oftmals erheblich mit der konsequenten Abarbeitung ihrer wissenschaftlichen Arbeit. Schon das Anfangen ist schwer, das Durchhalten dann noch mehr. Auch zu diesem Problem habe ich einige – hoffentlich hilfreiche – Empfehlungen aufgenommen.

Bei jedem Buch gibt es immer fleißige Heinzelmännchen im Hintergrund, ohne deren Mithilfe der Autor das fertige Werk „nicht zur Mitte bekommen“ hätte. Ganz herzlich bedanken möchte ich mich daher bei meiner studentischen Hilfskraft, Andreas Hoff, der mir ungeliebte Formatierungsarbeiten abgenommen hat und mit akribischem Auge nach Fehlern im Manuskript gefahndet hat. Meiner Frau Claudia danke ich ebenfalls für ihre engagierte Korrekturarbeit. Verbleibende Fehler gehen zu Lasten des Autors. Für Hinweise im Hinblick auf künftige Auflagen bin ich dankbar.

Jetzt wünsche ich allen Seglern auf den weiten Ozeanen der wissenschaftlichen Arbeiten viel Entdeckerneugier, immer gute Laune bei der Arbeit unter und auf dem Deck und durchgehend einen klaren Kurs! Den Empirikern natürlich stets genügend verwertbaren Rücklauf unter dem Kiel!

Jena, Januar 2018 Klaus Watzka

Vorwort zur 4. Auflage

Tempora mutantur – die Zeiten ändern sich. Die rasante Veränderungsgeschwindigkeit des Internets hat für wissenschaftliche Arbeiten neue Rechercheoptionen entstehen lassen. Neue Optionen schaffen auch neue Unsicherheiten. Das hat es nötig gemacht, eine ausführliche Stellungnahme zur Frage aufzunehmen, welche Internetquellen in wissenschaftlichen Arbeiten verwendet werden können und wie diese korrekt zitiert werden. Zusätzlich wurde das Buch noch um einige Gedanken zur Wahl „des richtigen Themas" bei Bachelor- und Masterarbeiten erweitert.

Es würde mich sehr freuen, wenn auch die Neuauflage von möglichst vielen Studierenden als nützlicher Kompass beim Marsch durch den „Dschungel der Anfertigung und Präsentation einer wissenschaftlichen Arbeit" empfunden wird. Für die Lehrenden wird das Manuskript weiterhin in digitalisierter Form auf einer CD, verbunden mit Veränderungsrechten, zur Verfügung stehen.

Jena, Januar 2011 Klaus Watzka

Vorwort zur 3. Auflage

Die Mode wechselt, der Druckknopf bleibt. So lautet ein geflügeltes Wort. Der Druckknopf ist in diesem Fall der Güteanspruch an wissenschaftliche Arbeiten – gleich ob sie innerhalb von Diplom-, Bachelor- oder Masterstudiengängen angefertigt werden. Abgesehen von einigen kleineren Ergänzungen und verbalen Anpassungen konnte damit die nunmehr dritte Auflage dieses kleinen Leitfadens weitgehend unverändert in Druck gehen. Ich hoffe, dass auch sie wieder möglichst vielen Studierenden wirkungsvolle Orientierung bei der Anfertigung und Präsentation ihrer wissenschaftlichen Arbeiten bietet. Für die Lehrenden wird das Manuskript weiterhin in digitalisierter Form auf einer CD, verbunden mit Veränderungsrechten, zur Verfügung stehen.

Jena, Dezember 2006 Klaus Watzka

Vorwort zur 2. Auflage

Schon nach einem halben Jahr, und damit viel schneller als erwartet, war die erste Auflage vergriffen. Ich hoffe, viele Studierende konnten die erwünschte Unterstützung bei der Anfertigung ihrer wissenschaftlichen Arbeit aus dem Werk ziehen. Mein expliziter Dank gilt allen Kollegen/innen, die das Buch weiter empfohlen haben und so zu seiner Etablierung beigetragen haben.

Für die Zweitauflage wurden zwei wichtige Erweiterungen vorgenommen. Zum einen soll ein neuer Teil B zur „Präsentation von Seminararbeiten“ den Studierenden in kompakter Form Hilfestellung bei der Vorbereitung und Durchführung von Seminarvorträgen bieten. Und zum anderen wurden im Anhang zwei Bewertungsraster für wissenschaftliche Arbeiten und für Präsentationen aufgenommen. Sie können von Dozenten als Hilfsmittel bei der Bewertung und beim Feedback eingesetzt werden, sollen aber auch den Studierenden kompakt kommunizieren, „worauf es ankommt“. Für die Lehrenden wird das Manuskript weiterhin in digitalisierter Form, verbunden mit Veränderungsrechten, zur Verfügung stehen.

Danken möchte ich meiner Frau Claudia und meinem Sohn Sebastian für ihre Korrekturarbeiten und allen Kollegen/innen, die mit ihren Hinweisen zur Fehlerausmerzung beigetragen haben.

Jena, Oktober 2004 Klaus Watzka

Vorwort zur 1. Auflage

Bei der Abfassung von wissenschaftlichen Arbeiten betreten Studierende häufig Neuland. Aus vielen Gesprächen weiß ich, dass die Anfertigung einer größeren, selbstständigen Ausarbeitung während der Schullaufbahn mitunter überhaupt nicht gefordert war oder zwar gefordert war, aber nicht hinreichend kritisch begleitet wurde. Immer wieder tauchen daher die gleichen Zweifelsfragen auf und immer wieder tappen Studierende in die gleichen Fehlerfallen. Der Betreuungsprozess wird dadurch ineffizient. Die Behandlung von Routinefragen bindet wertvolle Zeit, die für eine inhaltliche

Diskussion viel besser verwendbar wäre. Diese langjährigen Erfahrungen und die Beobachtung, dass Studierende neben der Offenheit der Themenstellung keinen weiteren Komplexitätsbedarf mehr haben, sondern vielmehr für möglichst klare Handlungsempfehlungen dankbar sind, führten zu dem ursprünglichen Entschluss, eine kompakte Sammlung der wichtigsten Hinweise und Klarstellungen auf der eigenen Homepage zu veröffentlichen. Im Zuge des Bearbeitungsprozesses wurde die Sammlung von Aspekten dann so umfänglich, dass der Gedanke an ein kleines Buch aufkeimte, das für die Autoren und die Betreuer von wissenschaftlichen Arbeiten gleichermaßen Nutzen stiftet.

Einen besonderen Dank möchte ich an meinen Kollegen Prof. Dr. Guido Scheld aussprechen, der mich in dem Gedanken an eine Veröffentlichung explizit bestärkt und auch vielfältige kritische Anmerkungen eingebracht hat. Vor allem aber hat er als Verleger eine eher ungewöhnliche Idee mitgetragen, nämlich Hochschullehrern das Manuskript auch in digitaler Form zur Verfügung zu stellen, verbunden mit Veränderungs- und Vervielfältigungsrechten im Rahmen des eigenen Lehrbetriebs. Entstanden ist damit ein individualisierbares Buch.

Ein Dank auch an meine beiden studentischen Hilfskräfte Peter Linke und Robert Höfig und an meine Frau Claudia für ihre engagierte Korrekturarbeit.

Jena, März 2004 Klaus Watzka

Inhaltsverzeichnis

TEIL C: FRAGEBOGENUNTERSUCHUNGEN

Teil A: Schriftliche Arbeit

I. Vorbemerkungen

1. Für die Anfertigung von wissenschaftlichen Arbeiten benötigt man kein mystisches Geheimwissen. Typische Vorgehensweisen und einzuhaltende Formalia sind in vielen einschlägigen (eher kurzen) Büchern gut dokumentiert. Das Angebot bei den Fachbuchhändlern und auf Verkaufsportalen im Internet ist mittlerweile sehr breit. Die intensive Lektüre von **mindestens** einem dieser Werke **vor Beginn** der wissenschaftlichen Arbeit ist **unabdingbar notwendig**. Kein Fußballspieler geht ohne Trainingslager die Bundesligasaison an, kein Motorsportler die Rallye Paris-Dakar ohne aufwändigste Fahrzeugpräparierung und Sie sicher auch nicht das erste Rendezvous mit dem Herrn oder der Dame Ihres Herzens ohne sorgfältigste Optimierung Ihres Outfits. Genauso wenig sollten Sie unvorbereitet in die wichtige Aufgabe der Anfertigung einer wissenschaftlichen Arbeit „hineinstolpern".

Viele Ihrer Fragen werden sich durch eine Vorablektüre erledigen. Empfehlenswert sind z. B. folgende Bücher:

BÄNSCH, A./ALEWELL, D.: Wissenschaftliches Arbeiten, 11. Aufl., München/Wien 2013 (19,80 Euro)

KARMASIN, M./RIBING, R.: Die Gestaltung wissenschaftlicher Arbeiten: Ein Leitfaden für Facharbeit/VWA, Seminararbeiten, Bachelor-, Master-, Magister- und Diplomarbeiten sowie Dissertationen, 9. Aufl., Wien 2017 (11,99 Euro)

POSPIECH, U.: Wie schreibt man wissenschaftliche Arbeiten? Von der Themenfindung bis zur Abgabe. Für Hausarbeiten, Bachelor- und Masterarbeit, 2. Auflage, Mannheim 2017 (12,99 Euro)

SCHELD, G. A. †: Anleitung zur Anfertigung von Praktikums-, Seminar- und Diplomarbeiten sowie Bachelor- und Masterarbeiten, 8. Aufl., Berlin 2015 (10,90 Euro)

THEISEN, M.R.: Wissenschaftliches Arbeiten: Erfolgreich bei Bachelor- und Masterarbeit, 17. Aufl., München 2017 (15,90 Euro)

Wegen seiner kompakten Darstellung, seiner Pragmatik und seines recht günstigen Preises ist insbesondere das Buch von *Scheld* hervorzuheben. Dort finden Sie auch eine Auflistung weiterer einschlägiger Werke. Beachten Sie aber bitte auch die (wenigen) Stellen, an denen dieser Leitfaden von *Scheld* abweicht.

2. Die vorliegende Hinweissammlung ist kein vollständiger Leitfaden für die Anfertigung wissenschaftlicher Arbeiten und damit **keinesfalls ein Ersatz für** die Auseinandersetzung mit o. a. **Spezialliteratur**. Zu ausgewählten Aspekten stellt sie vielmehr eine Ergänzung mit folgenden Zielrichtungen dar:

- Beantwortung von immer wieder auftauchenden Zweifelsfragen der Studierenden
- Thematisierung häufiger Fehlerquellen
- Bereitstellung pragmatischer Handlungsempfehlungen zur Vorgehenssystematik

3. Einige Empfehlungen haben nicht den Status von „absoluten Wahrheiten“, sondern spiegeln auch die **Vorlieben des Autors** wider. So werden Sie z. B. den Hinweis finden, am Beginn von Gliederungsüberschriften keine Artikel zu verwenden oder die Gliederung nicht zu tief anzulegen. Natürlich findet man aber wissenschaftliche Arbeiten, in denen genau das geschieht. Sehen Sie es einfach mal so: Genau wie Sie sich bei einer Einladung den Kleidungswünschen des Gastgebers anpassen, so sollten Sie sich auch auf die Vorlieben Ihres Betreuers einstellen. Es sind auch nicht allzu viele. Im Grundsatz gilt nämlich: Für die formale Gestaltung können Sie sich frei zwischen allgemein üblichen Mustern entscheiden. Wichtig ist aber, dass Sie das gewählte Muster (z. B. bei der Fußnotengestaltung) konsequent durchhalten. Generell sollten Sie sich aber immer erkundigen, welche Formalia Ihrem Betreuer wichtig sind.

4. Für Praktikumsarbeiten gelten die Aussagen weitgehend analog. Versäumen Sie aber bitte nicht, sich zu den Spezifika dieser Arbeit im Praktikantenamt kundig zu machen.

5. Bei der **Betreuung von wissenschaftlichen Arbeiten** wird vorausgesetzt, dass Sie sich sowohl mit einem der oben angesprochenen Werke zur „Anfertigung wissenschaftlicher Arbeiten" intensiv befasst haben, als auch den vorliegenden Leitfaden sorgfältig durchgearbeitet haben. Bei den Betreuungsgesprächen sollen Strukturierungsaspekte und inhaltliche Aspekte der Arbeit im Vordergrund stehen. Die Besprechung von Formalia muss sich strikt auf einige wenige Zweifelsfragen beschränken.

6. Wie komme ich an ein **Thema**? Bei *Seminararbeiten* ist dies kein großes Problem. In der Regel werden die Dozenten eine Themenliste aushängen, aus der Sie wählen können. Im eher seltenen Ausnahmefall können Sie auch selbst einen Vorschlag machen. Wenn Sie vor der Themenwahl stehen, dann entscheiden Sie sich am besten für eine Fragestellung, die Sie wirklich interessiert und nicht für eine, von der Sie vermuten, dass sie mit dem geringsten (Zeit)Aufwand zu bearbeiten ist. Ein vermeintlich einfaches Thema, für das Sie kein Interesse entwickeln, wird sehr schnell zur Quälerei werden. Umgekehrt fällt Ihnen die konsequente Arbeit bei einer anspruchsvolleren Fragestellung leicht, wenn „eine Flamme in Ihnen brennt". Bestenfalls kann dann aus der Last auch einmal Lust werden.

Bei *Bachelor- und Masterarbeiten* gibt es mehrere Wege zum Thema. Möglicherweise finden Sie im Aushangkasten oder auf der Homepage des Dozenten ein Angebot für eine wissenschaftliche Arbeit. Dieses kann dann von einem Unternehmen stammen, das Interesse an der Lösung eines bestimmten Problems hat oder es geht auf das spezielle wissenschaftliche Interesse des Dozenten zurück.

Ein zweiter Weg kann darin bestehen, dass Sie sich selbst in der Praxis auf ein – im Internet oder in einer Anzeige – ausgeschriebenes Thema bewerben. Sie sollten dann schon im Vorfeld mit dem Dozenten klären, ob er/sie bereit ist, die Arbeit zu betreuen.

Der dritte Weg führt über eine Initiativbewerbung um eine wissenschaftliche Arbeit bei einer Organisation in der Praxis. Unter Umständen wird man Ihnen einen oder mehrere Themenvorschläge machen, die Sie dann mit Ihrem Betreuer im Hinblick auf ihre Eignung beraten müssen. Relativ häufig wird man Sie aber auch nach Ihren Vorschlägen für ein Thema fragen. Ein solches Vorgehensmuster der Praxisbetriebe kann ich persönlich zwar nicht recht verstehen, da Studierende in der Regel nicht wissen können, welche Fragestellungen oder Probleme in der Organisation gerade wichtig sind. Solche Praxisbetriebe haben die Chancen auf einen Beitrag zur Lösung aktueller Probleme nicht richtig erkannt, die in studentischen wissenschaftlichen Arbeiten liegen können. Immerhin bekommen sie eine fast fertig ausgebildete akademische Arbeitskraft, die sich über längere Zeit – allein schon wegen einer guten Note – intensiv engagieren wird. Wenn Sie also vor einer solchen Situation stehen, dann versuchen Sie Ihre Gesprächspartner in der Praxis zu motivieren, möglichst präzise zu umreißen, welche Probleme/Herausforderungen gerade existieren und welchen Lösungsbeitrag sie sich von einer wissenschaftlichen Arbeit dabei versprechen. Dieses Gesprächsergebnis bildet dann die Basis, auf der Ihr Betreuer entscheiden kann, ob daraus eine Themenstellung werden kann. Er hat nämlich einerseits darauf zu achten, dass die Fragestellung anspruchsvoll genug für eine wissenschaftliche Arbeit ist und Sie andererseits aber auch nicht auf „eine Expedition durch Afrika" geschickt werden, indem Sie mit einem Problem konfrontiert sind, das in der begrenzten Zeit nicht befriedigend zu lösen ist.

Bei allen Themen aus und in der Praxis gilt: Die endgültige Formulierung nimmt der Hochschulbetreuer vor. Denn schließlich handelt es sich – bei aller Serviceorientierung der Hochschulen gegenüber der Unternehmenspraxis – um eine Qualifizierungsarbeit, die im Rahmen des Studiums zu erbringen ist. Sie soll die Befähigung zu eigenständiger wissenschaftlicher oder konzeptioneller Arbeit bei Ihnen prüfen. Und dazu muss die Themenstellung geeignet sein.

Ein vierter Weg wäre, dass Sie selbst einen Vorschlag zu einem theoretischen Themenfeld machen, das Sie besonders interessiert. Zwar sind wissenschaftliche Arbeiten in der Praxis – gerade an Fachhochschulen – höchst erwünscht. Ausgeschlossen sind Theoriethemen damit aber nicht. Praxisthemen sind kein Selbstzweck! Lieber also ein überzeugendes, spannendes, aktuelles Theoriethema, als ein Praxisthema, von dem keiner der Beteiligten so recht überzeugt ist.

Bei Ihren Überlegungen zum Thema sollten Sie neben Ihrem persönlichen Interesse für die Fragestellung zwei weitere Aspekte im Auge behalten: *Bewerbung* und *Qualifizierung*. Eine wissenschaftliche Arbeit in der Praxis bietet immer auch eine Profilierungschance, mit der man sich möglicherweise ein Arbeitsplatzangebot erarbeiten kann. Bei einem reinen Theoriethema verzichten Sie auf diese unmittelbare Chance. Sie können sich aber zumindest eine mittelbare Chance erhalten, denn die Themenstellung wird auf dem Bachelor-/Masterzeugnis vermerkt. Insofern sollten Sie überlegen, mit welchem theoretischen Themenkomplex Sie beim Leser Ihrer Bewerbungsunterlagen Begeisterung auslösen könnten. Denn immerhin sind Sie ja durch eine sehr lange, intensive Beschäftigung mit einer Fragestellung zu einem Experten auf einem Feld geworden. Diese Expertise kauft ein Unternehmen möglicherweise gern ein. Vor diesem Hintergrund sollten Sie sich im Vorfeld also auch überlegen, auf welchem Gebiet Sie sich gern weiter qualifizieren möchten, um Ihr fachliches Kompetenzspektrum abzurunden. Sie haben außerhalb der Hochschule vermutlich nicht mehr so bald die Gelegenheit, sich so lange und intensiv in ein spezifisches Themenfeld zu vertiefen. Wissenschaftliche Arbeiten können also zusätzlich Bewerbungshebel und Qualifizierungsmodul sein.

II. Rahmenplanungen

1. Sie werden in Ihrem Betriebswirtschaftsstudium möglicherweise nur eine oder zwei Seminararbeiten anfertigen. Diese sind damit ein äußerst wichtiges **Erfahrungs- und Trainingsfeld** für die spätere Bachelor- oder Masterarbeit. Nutzen Sie es konsequent. Es wäre für Sie höchst unschön und der Qualität dieser wissenschaftlichen Arbeiten auch abträglich, wenn Sie sich dann noch mit Fragen der Art *„Wie benutzt man die Bibliothek?“*, *„Wie zitiert man korrekt?“*, *„Wie sieht eine logisch strukturierte Gliederung aus?“* herumschlagen müssten. All diese Klärungen sollten bereits im Rahmen der Seminararbeiten erfolgt sein.

2. **Abgabetermine** für Seminararbeiten sind fix und nicht verhandelbar. Die Anmeldung zu einer Seminararbeit steht prüfungsrechtlich der Anmeldung zu einer Klausur gleich. Wer innerhalb der veröffentlichten Rücktrittsfrist nicht zurückgetreten ist, muss das fertige Werk inklusive aller gegebenenfalls erforderlichen Nebenleistungen termingerecht abgeben. Nicht termingerecht abgegebene Arbeiten werden mit „nicht bestanden“ gewertet. Es gibt also gute Gründe für eine konsequente Zeitplanung. Bei Bachelor- und Masterarbeiten erhalten Sie Ihren absolut verbindlichen Abgabetermin über das Prüfungsamt.

3. Für eine Seminararbeit im Notenbereich „sehr gut/gut“ müssen Sie **vier Wochen „Fulltime-Arbeitszeit“** einplanen. „Fulltime“ meint deutlich mehr als eine tarifvertragliche 35-Stunden-Woche. „Fulltime“ meint aber andererseits auch nicht, dass Sie die Nächte und Wochenenden durcharbeiten müssen. Wenn Sie die Tage konsequent nutzen, dann sind auch freie Wochenenden möglich. Die Einplanung solcher gezielten Pausen ist bei wissenschaftlicher Arbeit auch sehr sinnvoll. Ihr Unterbewusstsein arbeitet an dem Problem sowieso weiter. Sie werden dann vielleicht auch die Erfahrung machen, dass Sie plötzlich die Lösung für ein Strukturierungsproblem haben, mit dem Sie sich schon einige Tage „herumquälten“.

Apropos „Herumquälen“. Gestatten Sie mir an dieser Stelle einen kleinen ***Exkurs****: Wissenschaftliche Arbeit ist nicht immer ein „Zuckerschlecken“ (das Schleppen von Betonkübeln aber auch nicht!). Immer wieder wechseln Phasen der Frustration mit Phasen der Euphorie und Zeiten, in denen einem die Gedanken nur so zufliegen und „die Sätze flott aus der Feder fließen“ mit Zeiten, in denen schlichtweg nichts vorangehen mag. Denken Sie sich nichts dabei! Das ist normal! Erkenntnisse brauchen Reifezeit. Und manchmal benötigt man das Tal der tiefen Frustration (in dem man am liebsten alle Unterlagen samt PC aus dem Fenster werfen möchte), um den Mut (der Verzweiflung) aufzubringen, klare Entscheidungen über das weitere Vorgehen zu treffen oder das bislang Erarbeitete zu Papier zu bringen.*

4. Zur **Zeitplanung** lässt sich die Erstellung einer wissenschaftlichen Arbeit grob in vier Phasen aufteilen:

- Literaturrecherche
- Literaturauswertung (Lesen und Anfertigung von Stichpunkten sog. „Exzerpieren")
- Schreiben
- Endredaktion.

Natürlich sind diese Phasen nicht überschneidungsfrei. Auch während der Schreibphase werden Sie z. B. fallweise noch nach zusätzlicher Literatur suchen müssen. Trotzdem eignet sich diese Phaseneinteilung recht gut für eine Rahmenzeitplanung. Gehen Sie vom Abgabetermin aus und planen Sie in einer **Rückrechnung** bis zu welchem Datum Sie spätestens jede Phase abgeschlossen haben müssen. Und halten Sie sich dann auch konsequent an diesen Zeitrahmen! Für die Schreibphase können Sie dann noch kalkulieren, wieviel Seiten Sie durchschnittlich jeden Tag zu Papier bringen müssen.

Planen Sie vor dem Endtermin einen ausreichend großen **Zeitpuffer** für unvorhergesehene Zwischenfälle ein. Am Abgabetag möchte Ihr Betreuer keine Geschichten von ausgefallenen Druckern, abgestürzten PCs, verstorbenen Goldfischen oder wegen Feiertagen verschlossenen Bibliotheken hören, sondern schlicht eine formvollendete und durchdachte wissenschaftliche Arbeit entgegennehmen.

Als Daumenregel sollten Sie für die Literaturrecherche 15% und für die Endredaktion 5%–10% der Gesamtzeit einplanen. Der Zeitbedarf für letztgenannte Aktivität hängt entscheidend davon ab, wie „ausgefeilt" Ihre Erstfassung ist. Sind noch erhebliche Kürzungs-, Formulierungs-, Umstrukturierungs- oder Formatierungsarbeiten zu leisten, so benötigt dies auch noch entsprechend mehr Zeit.

Bei der Verteilung der verbleibenden 80% Zeitanteile auf die Aktivitäten „Literaturauswertung" und „Schreiben" kommt es entscheidend auf Ihre persönliche Arbeitsmethode an. Und die muss im Grundsatz jeder selbst finden.

5. Vielleicht stellt der nachfolgende **Vorgehensvorschlag**, der sich zumindest beim Autor selbst gut bewährt hat, auch für Sie eine Hilfe dar. Nehmen wir dafür das Beispiel einer Seminararbeit zum Thema „*Fehlzeiten im Unternehmen*".

1. Schritt: Legen Sie sich einen Ordner an, den Sie zunächst nach den großen Problemkreisen Ihrer Arbeit unterteilen. Bei der Beispielsarbeit könnten das sein:

- Grundlagen
- Erscheinungsformen von Fehlzeiten
- Ursachen von Fehlzeiten
- Gegenstrategien
- Arbeitsrechtliche Aspekte.

Innerhalb jedes Problemkreises sehen Sie dann für alle relevanten Stichworte/Aspekte separate Blätter vor. Innerhalb des Problemkreises „Grundlagen" könnten dies z. B. sein:

- Definitionen
- Fehlzeitenstatistiken
- Kosten durch Fehlzeiten
- Messung von Fehlzeiten.

Im Bearbeitungsprozess werden Sie natürlich immer wieder auf neue relevante Stichworte für Ihr Thema stoßen. Der Ordner muss dann entsprechend ergänzt werden. Benutzen Sie auch wirklich einen Ordner und nicht etwa eine fest gebundene Kladde. Im Bedarfsfall können Sie so nämlich einzelne Stichworte einfach umsortieren. Bei der digitalen Version ist das mit wenigen Mausklicks geschehen.

Es ist wichtig, schon ganz am Anfang einen hinreichend ausführlichen Stichwortkatalog zu haben. Bei seiner Generierung hilft Ihnen die Lektüre von ein bis zwei wirklich guten Überblicksartikeln zu Ihrem Thema.

2. Schritt: Während des Lesens notieren Sie sich alle Informationen, die Ihnen wichtig erscheinen und ordnen sie – unter Angabe von Autor, Jahr und Seitenzahl (z. B. „*Schmitt '14, 42*") – gleich dem richtigen Stichwort zu. Sollte ein anderer Autor gleiche Gedanken geäußert haben, dann müssen Sie zu der Information nur noch hinzusetzen: „*ebenso Meier '12, 153*".

Diese Vorgehensweise ist zunächst relativ zeitaufwändig, hat aber **zwei zentrale Vorteile**: Erstens verfügen Sie über eine perfekte Basis für die spätere korrekte Zitierarbeit. Zentrale Aspekte können auch sehr leicht durch mehrere Autoren belegt werden. Es kann dann nicht mehr passieren, dass Sie „etwas gelesen haben", aber „nicht mehr wissen, wo das war". Genau von diesem Problem berichten Studierende nämlich immer wieder, wenn sie auf unzureichende Zitationsarbeit angesprochen werden.
Und zweitens kann die Anfertigung der Arbeit ausschließlich auf Basis der eigenen Notizen erfolgen. Sie mussten jede Quelle nur einmal in die Hand nehmen und der Arbeitsplatz ist bei der eigentlichen Schreibarbeit nicht mehr mit den unterschiedlichsten Büchern und Zeitschriftenartikeln übersät. Dies gestattet in dieser Phase dann ein zügiges Vorankommen.

Die Notizen sollten Sie in Ihrer eigenen Sprache abfassen. Das „zwingt" Sie einerseits das Gelesene sofort intensiv zu durchdenken. Und es ist andererseits ein guter Test, ob Sie die Zusammenhänge tatsächlich verstanden haben. Nur im Ausnahmefall sollten Sie Zusammenhänge aus der Literatur wortwörtlich notieren. Nämlich dann, wenn Sie sich vorstellen können, die Passage später als direktes Zitat zu verwenden, weil die genaue Formulierung so wichtig ist oder ein Zusammenhang schlichtweg „genial auf den Punkt gebracht ist". Vergessen Sie in diesem Fall aber nicht, in den Notizen zu vermerken, dass es sich um ein wörtliches Zitat handelt. Am besten setzen Sie es – wie auch später in der Arbeit – in Anführungszeichen.

Beim Lesen und Anfertigen der Notizen werden Ihnen – Sie können es gar nicht verhindern – auch eigene Gedanken kommen: z. B. Zusatzideen, kritische Anmerkungen, Querbeziehungen zu anderen Stichworten. Halten Sie auch diese fest. Vergessen Sie aber nicht die Kenntlichmachung als eigene Gedanken (z. B. durch Voransetzung Ihres Namenskürzels oder eines „*e:*" für „*eigene Gedanken*"). Dies gestattet Ihnen später, diese Eigenarbeit exakt gegenüber der Quellenarbeit abzugrenzen.

Die in Schritt 2 beschriebene Exzerptionsarbeit muss natürlich nicht handschriftlich erfolgen, sondern kann auch via Computer geschehen. Punktuell ersparen Sie sich später vielleicht Schreibarbeiten, indem manche Passagen weitgehend unverändert übernommen werden können. Andererseits werden viele Studierende Notizen mit der Hand viel schneller anfertigen können, insbesondere wenn sie Abbildungscharakter haben. Außerdem blättert es sich in Papierseiten mitunter schneller und angenehmer und man kann den Arbeitsplatz auch flexibler verlegen. Diese Entscheidung über den Techniteinsatz muss jeder für sich selbst treffen.

6. Oftmals steht bei wissenschaftlichen Arbeiten ein längerer Zeitraum zwischen Themenvergabe und Abgabezeitpunkt zur Verfügung. **Beginnen Sie nicht zu spät mit den ersten Aktivitäten!** Es ist eine planungstechnische Binsenweisheit, dass „man Zeit, die am Anfang verschenkt wurde, am Ende nicht mehr hereinholen kann". Planen Sie folgende Faktoren ein:

- oftmals lange Bearbeitungszeiten für Fernleihbestellungen
- reduzierte Öffnungszeiten von Hochschulbibliotheken in der vorlesungsfreien Zeit und um Feiertage herum
- aktuelle Zeitschriftenjahrgänge sind oft wochenlang beim Buchbinder
- eventuell parallele Belastungen durch Klausurvorbereitungen, Projekte, Praktikum und Praktikumsarbeit.

Gerade dem letzten Aspekt muss besondere Aufmerksamkeit gewidmet werden. Es wäre gut, wenn Sie vor Beginn eines Praktikums mit integrierter oder nachfolgender wissenschaftlicher Arbeit die Literaturrecherche weitgehend abgeschlossen, Bücher entliehen und auch einige Kopien von Zeitschriftenartikeln angefertigt hätten. Das versetzt Sie in die Lage, auch während des Praktikums am Abend, am Wochenende oder auch während „unausgefüllter" Praktikumsstunden (sollte es zwar nicht geben, aber Realitäten weichen mitunter von Wünschen ab) einige Seiten zu lesen und auszuwerten. Achten Sie aber im Hinblick auf Effizienz darauf, dass die Arbeitsphase hinreichend lang ist. Denn natürlich treten „Übungsverluste" auf, wenn man sich längere Zeit nicht mit einem Thema beschäftigt hat. Neuerliches „Hineindenken" ist erforderlich. Eine zu starke zeitliche Zerstückelung der Arbeitsphasen lässt die „Einarbeitungsverluste" zu groß werden.

7. Etwas intensivere Überlegungen sollten der Frage gelten, ob Sie sich für die Endredaktion Ihrer Arbeit am PC **Unterstützung** organisieren – möglicherweise auch in Form eines professionellen Schreibbüros. Achtung: Nicht überall wo „professionell" draufsteht, ist auch „professionell" drin. Überzeugen Sie sich, dass Ihre „dienstbaren Geister" tatsächlich auch umfängliche Erfahrungen mit wissenschaftlichen Arbeiten haben und sorgfältig und termintreu arbeiten. Wenn Sie selbst nicht hinreichend versiert im Umgang mit den Feinheiten von Textverarbeitungssystemen sind, dann kann die korrekte Formatierung oder die Anfertigung komplexerer Abbildungen durchaus zu einem ernsten „Zeitfresser" werden. Sie wären nicht der Erste, der von verrutschten Formatierungen aufgrund von Kürzungen/Veränderungen im Text (am besten noch am Tag vor dem Abgabetermin) an den Rand des Wahnsinns getrieben wurde. Sie sollten auf alle Fälle sicherstellen, dass Sie Ihre Zeit und Energie primär zum Denken und Schreiben verwenden und nicht beim stundenlangen „Herumwerkeln" an Grafiken oder im Kampf mit den Tücken der Software verschleißen.

8. Speziell bei **wissenschaftlichen Arbeiten in einem Unternehmen** ist es wichtig, dass Sie bei Vorgesprächen klar vereinbaren, dass eine Tätigkeit im und für das Unternehmen nur im Rahmen der Arbeit erfolgt. Immer wieder einmal muss man als Betreuer die Erfahrung machen, dass Studierende in größerem Umfang im Tagesgeschäft eingesetzt werden oder Krankheitsvertretungen übernehmen. Eine Bachelor- oder Masterarbeit ist kein Praktikum! Und diese Phase des Studiums ist auch nicht zum Geldverdienen da. Alle Tätigkeiten, die nicht der Qualitätssteigerung der Arbeit dienen, sind für Sie verlorene Zeit. Bei der Bewertung der Arbeit wird davon ausgegangen, dass die Zeit zwischen Themenausgabe und Abgabe tatsächlich auch exklusiv für die Arbeit genutzt wurde.

9. Eine häufig gestellte Frage: „Für welche **Zielgruppe** schreibe ich eigentlich?" Gehen Sie von einem fachlich einschlägig vorgebildeten Leser aus. Rudimentäre Zusammenhänge brauchen Sie demnach nicht mehr näher erläutern. Bei einem „Personaler" können Sie z. B. voraussetzen, dass er mit den Begriffen „Anforderungsanalyse, Fluktuation oder Assessment Center" etwas anfangen kann.

10. Eventuell geforderte **Zusatzleistungen** (z. B. Kurzfassungen, Thesenblatt, PowerPoint-Präsentationen) sind immer zusammen mit der Arbeit einzureichen. Es sei denn, dass der Betreuer dies explizit anders geregelt hat.

III. Gliederung

1. Die Gliederung dient insbesondere zwei **Zielen**:

- Sie soll einem Interessierten im Überblick zeigen, welche Inhalte ihn in der Arbeit erwarten und an welcher Stelle welche Inhalte zu finden sind (Informationsfunktion).
- Sie soll die Arbeit in Einzelteile aufspalten, die in einer einwandfreien logischen Beziehung zueinander stehen (Strukturierungsfunktion).

2. Zur Erreichung des zweiten Ziels stehen Sie also vor der Aufgabe, ein **überzeugendes und nachvollziehbares Gliederungsprinzip** zu finden. Dafür gibt es leider kein Geheimrezept. Jede Themenstellung erfordert eine individuelle Strukturierung. Im Regelfall wird es auch immer mehrere Möglichkeiten geben, um überzeugend zu gliedern. Schauen Sie sich doch einfach einmal die Gliederungen in wissenschaftlichen Arbeiten an und lassen sich davon inspirieren. Nachfolgend sind einige Beispiele für überzeugende Gliederungsprinzipien aufgeführt:

Beispiel 1:

– Quantitative Aspekte
– Qualitative Aspekte
– Zeitliche Aspekte
– Räumliche Aspekte

Beispiel 2:

– Mitarbeiter-Perspektive
– Führungskräfte-Perspektive
– Kunden-Perspektive
– Gesamtgesellschaftliche Perspektive

Beispiel 3:

– Individuelle Ebene
– Arbeitsgruppen-Ebene

– Abteilungs-Ebene
– Gesamtunternehmens-Ebene

Beispiel 4:

– Zielbildung
– Planung
– Durchführung
– Kontrolle

Beispiel 5:

– Ökonomische Dimension
– Rechtliche Dimension
– Soziale Dimension
– Technische Dimension
– Ethische Dimension
– Ökologische Dimension

Beispiel 6:

– Finanzwirtschaftliche Aspekte
– Logistische Aspekte
– Personalwirtschaftliche Aspekte
– Absatzwirtschaftliche Aspekte

Beispiel 7:

– Ursachenfaktor: Person
– Ursachenfaktor: Arbeitsplatzgestaltung
– Ursachenfaktor: Arbeitsinhalte
– Ursachenfaktor: Führungsverhalten
– Ursachenfaktor: Arbeitsgruppe
– Ursachenfaktor: Externe Einflussfaktoren

Speziell für personalwirtschaftliche Arbeiten könnte man auch darüber nachdenken, ob sich eine Gliederung nach der „Prozesskette der Personalarbeit“ oder nach verschiedenen „personalwirtschaftlichen Arbeitsfeldern“ anbietet.

Machen Sie es sich aber auch nicht unnötig schwer. Denn mitunter legt die Themenformulierung schon eine Untergliederung in bestimmte Hauptkapitel nahe. Sie sollten dann nicht „mit Gewalt das Rad neu erfinden“, sondern von der Hilfestellung, die Ihnen der Themensteller geben möchte, auch Gebrauch machen. Wenn das Thema z. B. heißt:

„Fehlzeiten im Betrieb: Auswirkungen, Ursachen und Gegenmaßnahmen",

dann sind drei Hauptkapital im Grundsatz schon benannt. Wenn Sie dann noch ein Hauptkapitel *„Grundlegung"* vorschalten und ein Kapitel *„Fazit und Ausblick"* anhängen, dann steht Ihre Gliederung auf der höchsten Gliederungsebene schon und Sie können das Augenmerk auf die Suche nach tragfähigen Untergliederungen richten.

Anders sieht es natürlich bei der Themenstellung *„Fehlzeiten im Betrieb"* aus. Hier ist eine intensive eigene Strukturierungsleistung erforderlich.

3. Achten Sie auf eine **angemessene Tiefe** der Gliederung. Sie muss einerseits tief genug sein, um die Arbeit hinreichend zu strukturieren, soll sie andererseits aber nicht völlig zerstückeln und den Lesefluss ständig unterbrechen. Die absolute Obergrenze für die Zahl der Gliederungspunkte ist bei der Zahl der Seiten der Arbeit zu sehen. Es sind Gliederungen zu bevorzugen, bei denen man auch einmal ein bis zwei Seiten „am Stück" lesen kann. Denken Sie daran, dass eine starke Untergliederung auch sehr platzraubend ist. Die erforderlichen Überschriften samt zugehörigen Leerräume nehmen immer mehrere Zeilen ein. Nutzen Sie stattdessen andere Strukturierungsprinzipien, mit denen Sie den Text für den Leser übersichtlich aufbereiten können (denn das sollen Sie unbedingt!) wie z. B. Absätze, Fettdruck, (maßvolle) Unterstreichungen, Einrückungen.

4. Die Gliederung ist ein „lebendes Objekt". Sie wird im Laufe des Erstellungsprozesses der Arbeit mehrfachen **Veränderungen** unterliegen. Das ist normal. Trotzdem sollten Sie schon relativ früh über eine gut durchdachte „Arbeitsgliederung" verfügen. Diese hilft Ihnen, die beim Lesen gewonnenen Informationen zu ordnen. Für die Erstellung einer ersten Arbeitsgliederung ist die Lektüre von zwei bis drei hochwertigen Überblicksquellen zu Ihrem Thema hilfreich. Sie bekommen dann auch schon ein erstes Gefühl dafür, welche Problemkreise zu dem Thema gehören. Empfehlen könnte sich zu diesem Zweck ganz am Anfang ein Blick in die führenden Handwörterbücher oder in mehrere Standardlehrbücher der für Ihre Arbeit relevanten Fachgebiete.

5. Bitte prüfen Sie hinsichtlich der **Zuordnungslogik** bis zuletzt immer kritisch, ob zum einen die Untergliederungspunkte richtig den Obergliederungspunkten zugeordnet sind und ob zum anderen die Inhalte auch bei den Gliederungspunkten richtig platziert sind. Wenn Sie also in Ihrer Arbeit über z. B. *„Fehlzeiten im Betrieb"* ein Hauptkapitel über *„Ursachen von Fehlzeiten"* und ein anderes über *„Gegenmaßnahmen"* haben, dann müssen Sie beide Betrachtungsebenen streng trennen. Im Ursachenkapitel dürfen dann keine Maßnahmenvorschläge auftauchen. Das ist manchmal schwieriger, als es sich anhört, denn Sie werden vermutlich etliche Quellen gelesen haben, in denen Ursachen von und Maßnahmen gegen Fehlzeiten integriert behandelt werden. Für die Zwecke Ihrer Arbeit müssen Sie dann die Aspekte eben analytisch trennen. Ansonsten wird der Betreuer eine „mangelnde innere Ordnung" Ihrer wissenschaftlichen Arbeit monieren.

Behalten Sie bis zum Ende die Bereitschaft, an der Gliederung oder an der Textzuordnung zu den Gliederungspunkten Veränderungen vorzunehmen. Schauen Sie nicht weg, wenn „Ihr Bauch Unwohlsein signalisiert". Meistens hat er nämlich Recht. In Zeiten der Textverarbeitung sind solche Umstrukturierungen mit vertretbarem Aufwand machbar. Und der logischen Stringenz Ihrer Arbeit hilft es allemal.

6. Die **Formulierung von Gliederungsüberschriften** muss kurz und kompakt, gleichwohl aber präzise und informativ sein. Einfache, substantivierte Formulierungen sind angemessen. Weitere Hinweise:

- Keine Verwendung von Artikeln am Beginn von Gliederungsüberschriften,
- keine Fragesätze, keine Ausrufesätze,
- keine „journalistischen Formulierungen".

Die Gliederung ist für den Leser ein wichtiger Baustein einer wissenschaftlichen Arbeit, der ihm einen strukturierten Zugang ermöglichen soll. Im Rahmen Ihrer Literaturrecherche möchten Sie doch auch gerne nach einem kurzen Blick in die Gliederung eines Buches erkennen können, ob und gegebenenfalls welche Teile für Sie besonders relevant sind. Bieten Sie genau diesen Service dem Leser Ihrer Arbeit ebenfalls.

7. Viel häufiger als erwartet trifft man auf folgenden **Fehler**:

3.1 XXXXXXXXXXXXXXX
  3.1.1 XXXXXXXXXXXXX
3.2 XXXXXXXXXXXXXXX

Wo ein Untergliederungspunkt 3.1.1 ist, muss notwendigerweise auch ein Punkt 3.1.2 auftauchen. Eine Gliederung ist nichts anderes als eine deduktive Ableitung der Unterpunkte aus den Oberpunkten. Und wenn man einen Oberpunkt aufspaltet, dann muss das in mindestens zwei Unterpunkte geschehen.

8. Unter dem Aspekt der **Einheitlichkeit** sollten Sie darauf achten, dass über die gesamte Arbeit hinweg unter einer bestimmten Gliederungsebene entweder immer oder nie Text angesiedelt ist. Beispiel: Sie gliedern

2. XXXXXXXXX
  2.1 XXXXXXXXX
  2.2 XXXXXXXXX

Wenn Sie also unter Punkt „2." einführende Bemerkungen zum Hauptkapitel schreiben, dann sollten sie das auch unter „1.", „3." etc. machen.

9. Unter dem Blickwinkel der **Eleganz** sollten Sie versuchen, sehr unterschiedliche Gliederungstiefen bei gleichrangigen Gliederungsebenen zu vermeiden. Immer werden sich aber solche „optischen Ungleichgewichte" nicht vermeiden lassen. Im Zweifelsfall haben natürlich sachlogische Erwägungen Vorrang vor rein ästhetischen Überlegungen.

10. Zur **Gestaltung des ersten Hauptkapitels** ist nachfolgende Variante sehr empfehlenswert. Es handelt sich um einen „klassischen" Weg, bei dem Sie nichts verkehrt machen. Der Einstieg kann bei jeder Themenstellung so gewählt werden:

I. Grundlegung
  1. Einführung
  2. Ziel und Aufbau der Arbeit

Unter dem Kapitel „*Einführung*" wird der Leser für das Thema „aufgewärmt". Es sollte deutlich werden, warum die Problemstellung wichtig ist, neugierig machen und den Appetit aufs Weiterlesen anregen. Die Formulierungen dürfen in diesem Kapitel auch ein wenig „journalistischer oder kreativer" sein. Achten Sie aber streng darauf, dass die „Einführung" in Ihre gesamte (!) Arbeit „einführen" muss. Wenn Sie also bei Ihrem Thema einen empirischen Teil haben oder die Arbeit in einem Unternehmen angefertigt wird, dann muss in der Einführung auch dazu etwas geschrieben werden.

Unter *„Ziel der Arbeit"* wird präzise dargelegt, welches Problem am Ende der Arbeit gelöst sein soll bzw. auf welche Fragen klare Antworten erarbeitet werden. Eine genaue Zielformulierung wirkt auch der Gefahr entgegen, sich zu stark mit Randaspekten aufzuhalten oder sogar das Thema zu verfehlen.

Unter *„Aufbau der Arbeit"* wird erläutert, über welche einzelnen analytischen Schritte das Ziel der Arbeit erreicht werden soll. Sie erläutern hier die Logik, die hinter Ihrer Gliederung steht, also letztlich das Konstruktionsprinzip Ihrer Arbeit. Verfallen Sie aber nicht in den Fehler, lediglich in Satzform nochmals die Gliederung zu beschreiben. Möglicherweise ist es auch sinnvoll, den „Bauplan" der Arbeit in Form einer Grafik mit Kästchen und Pfeilen deutlich zu machen. Letztlich muss dem Leser klar werden, wie Sie und warum Sie so vorgehen. Und ihm muss deutlich werden, was ihn in welchem Kapitel erwartet. Dazu müssen die Kapitelnummerierungen auch konkret aufgeführt sein.
In den Darlegungen zum *„Aufbau der Arbeit"* ist auch der richtige Platz, um eine Abgrenzung Ihrer Arbeit vorzunehmen. Sie erläutern und begründen (!) dabei, welche Facetten des Themas von Ihnen entweder überhaupt nicht oder nur ganz kurz behandelt werden. Damit ist dann für den Leser an einer Stelle eindeutig geklärt, was er erwarten kann und was nicht. Für einen Leser ist es „nervig", in einer Arbeit mit gebetsmühlenartiger Häufigkeit Sätze lesen zu müssen wie „*Aus Platzgründen kann dieser Aspekt leider nicht vertieft werden*" oder „*Weitere Ausführungen würden den Rahmen dieser Arbeit sprengen*".

Nach diesen beiden Standardbausteinen Ihres Hauptkapitels *„Grundlegung"* sollten Sie überlegen, welche Zusammenhänge sich bei Ihrem Thema weiter anbieten, um schon im Grundlagenteil dargestellt und damit sozusagen „vor die Klammer gezogen“ zu werden. Grundsätzlich sind das alle Aspekte, die sinnvoll sind, um

- beim Leser ein hinreichendes Vorverständnis zu schaffen,
- das Thema in einen größeren Zusammenhang einzuordnen,
- Abgrenzungen/Klärungen vorzunehmen, die im weiteren Verlauf der Arbeit benötigt werden.

Die Behandlung in der Grundlegung hat den Vorteil, dass bestimmte Zusammenhänge geklärt sind und Sie diese im weiteren Verlauf der Arbeit als bekannt voraussetzen und einfach darauf verweisen können.

Die Frage, ob bestimmte Aspekte bereits in der Grundlegung präsentiert werden oder so zentral für das Thema sind, dass sie späteren Kapiteln vorbehalten sind, kann nur individuell für das jeweilige Thema beantwortet werden. So kann z. B. die Darstellung des „Rechtlichen Rahmens“ in einer Arbeit so wichtig sein, dass eine Behandlung in der Grundlegung nicht in Frage kommt (z. B. *„Möglichkeiten der Fehlzeitensenkung unter besonderer Beachtung rechtlicher Grenzen“*). Nachfolgend einige Beispiele für Darlegungen, die sich für eine Grundlegung anbieten könnten:

- Zentrale Begriffe, Begriffsdiskussionen
- Inhaltliche Abgrenzungen der Arbeit
- Stand der Literatur
- Rechtliche Rahmenbedingungen
- Historische Entwicklungslinien
- Statistische Daten
- Unternehmensvorstellung (bei allen Arbeiten in der Praxis).

Es ist durchaus vorstellbar, dass das Kapitel *„Grundlegung“* bei manchen Themenstellungen 15%–25% der Seiten einnimmt, sich bei anderen dagegen auf die beiden Standardbausteine beschränkt. Wie ausführlich der Grundlagenteil ausfallen kann, ist ein klassisches Thema, das Sie mit Ihrem Betreuer in einer Gliederungsbesprechung diskutieren sollten.

11. Im Gegensatz zu *Scheld* und auch anderen Autoren bittet der Verfasser, der Arbeit **kein Abstract** voranzustellen. Zusammenfassungen gehören eher in ein Schlusskapitel.

IV. Literaturarbeit

1. Literaturarbeit ist ein **zentrales Qualitätsmerkmal** einer wissenschaftlichen Arbeit!

2. **Ziele**: Die in der Arbeit verwendete Literatur muss zum einen den erreichten Erkenntnisstand zu einem Thema widerspiegeln und zum anderen auch alle wesentlichen Publikationen mindestens der letzten 10 Jahre beinhalten (bei Themenstellungen, die ihren wissenschaftlichen Diskussionshöhepunkt schon früher hatten, verschiebt sich der Zeitraum natürlich entsprechend). Dies unterstreicht nochmals die hohe Bedeutung einer intensiven Literaturrecherche! Einen sehr guten Leitfaden für die analoge und digitale Recherchearbeit und die Vorstellung eines sehr breiten Spektrums an möglichen Recherchequellen bieten die beiden folgenden Werke:

FRANKE, F./KLEIN, A./SCHÜLLER-ZWIERLEIN, A.: Schlüsselkompetenzen: Literatur recherchieren in Bibliotheken und Internet, 2. Aufl., Stuttgart/Weimar 2016 (17,99 Euro)

STOETZER, M.W.: Erfolgreich recherchieren, München et al. 2012 (19,99 Euro)

3. Zur Frage der **Quellenzahl**, mit der diese Ziele erreicht werden, gibt es keine allgemeingültige Antwort. Bei literarisch gut abgedeckten Themen wird man eine entsprechend höhere Quellenzahl erwarten, als bei Themen, die

- zum Teil in der Unternehmenspraxis bearbeitet werden,
- eher „spezialisierte Nischenthemen“ darstellen,
- einen hohen Anteil an Eigenarbeit erfordern,
- erst seit relativ kurzer Zeit diskutiert werden.

Im Regelfall sollte es aber kein Problem sein, eine Untergrenze von 30 Quellen bei Seminararbeiten, 60 bei Bachelor- und 100 Quellen bei Master- oder Diplomarbeiten zu erreichen. Im Einzelfall kann diese Anzahl auch deutlich höher liegen.

4. Betreiben Sie aber bitte **keine „Quellenhuberei“**! Alle im Literaturverzeichnis aufgeführten Quellen müssen über die Fußnoten tatsächlich auch in die Arbeit eingeflossen sein.

Sollten Sie jetzt von den in den Punkten 3. und 4. formulierten Anforderungen etwas verschreckt sein, dann verschaffen Ihnen die folgenden Punkte vielleicht wieder etwas Entspannung.

5. **Mehrfachbelege** sind ein **Qualitätsmerkmal** guter Literaturarbeit. Das heißt, zentrale Zusammenhänge werden in den Fußnoten durch die Angabe mehrerer Quellen unterlegt. Damit wird auch deutlich gemacht, dass in der wissenschaftlichen Diskussion ein gewisser Konsens herrscht. Außerdem wird ein Leser, der bestimmte Aspekte vielleicht vertieft im Original nachlesen möchte, eher in die Lage versetzt, dies auch zu tun (vielleicht hat er ein bestimmtes Werk nicht im Zugriff, dafür aber wohl ein anderes). Übertreiben Sie aber bitte die Mehrfachzitation auch nicht. Fünf Quellen als Obergrenze sollten, von wenigen Ausnahmen abgesehen, ausreichend sein.

Die „Krone der Quellenarbeit“ erreichen Sie, wenn Sie zusätzlich zu Mehrfachbelegen auch **Konträrbelege** liefern, also auch vom allgemeinen wissenschaftlichen Konsens abweichende Minderheitenmeinungen liefern. Damit dokumentieren Sie dann die gesamte Diskussionsbreite zu einem Thema. Eine typische Fußnote dazu könnte lauten: *„Anders jedoch Hintermaier (2012), S. 193f, der unter Fehlzeiten .... versteht.“*.

6. Die angegebene minimale Quellenzahl ist über die vollständige Lektüre von Büchern natürlich nicht zu erreichen. Aber erstens werden Sie Bücher nur in den selteneren Fällen komplett lesen, sondern eher nur ausgewählte Kapitel. Und zweitens werden Sie sich auch intensiv auf **Artikel in Fachzeitschriften** stützen, die sich häufig in einer Bandbreite zwischen drei und zehn Seiten bewegen.

Interessanterweise kommt von Studierenden immer wieder die Frage, ob denn auch Zeitschriftenartikel benutzt werden dürften. Klare Antwort: Ja! Und noch deutlicher: Sie müssen es auf alle Fälle!
Fachartikel haben sogar den Vorteil, dass sie oft aktueller sind als Monografien und dass Sie dort mitunter die gleichen Informationen in komprimierterer Form erhalten.

7. Nicht nur die Anzahl der Quellen ist wichtig, sondern natürlich auch die **Quellenqualität**. Diesbezüglich gelten folgende Aussagen:

Die **höchste Güte** weisen im Regelfall Monografien zu einem Thema und Artikel in anerkannten Fachzeitschriften auf.
Bewahren Sie aber auch bei diesen Quellen immer kritische Distanz zum Gelesenen! Nicht alles was gedruckt wird, stimmt auch bzw. ist logisch oder überzeugend. Wenn Sie etwas Unsinniges oder Falsches zitieren, dann wirkt das auch gegen Sie. Die Ausrede *„Aber das hat doch XY geschrieben"* zieht nicht, wenn der Korrektor unterstellen darf, dass Ihnen mit ein wenig Nachdenken die Defizite der Quelle hätten auffallen müssen.

Eine **hohe Güte** weisen im Regelfall einschlägige Lehrbücher und anerkannte Handwörterbücher in einem Fachgebiet auf, die – nach Stichworten aufgebaut – einen zusammenfassenden Überblick zu eben diesem Stichwort liefern. In beiden Fällen ist aber kritisch zu prüfen, wie aktuell und wie ausführlich oder komprimiert ein bestimmtes Thema dort behandelt wird. Die seitenmäßige Streuung zu einem bestimmten Themengebiet gerade in den Lehrbüchern ist mitunter beträchtlich.
Schon zu Anfang Ihrer Literaturrecherche sollten Sie Einblick in möglichst viele Lehrbücher und Handwörterbücher nehmen. So bekommen Sie am schnellsten einen ersten Überblick und vor allem auch weiterführende Literaturhinweise.

Generell **kritisch zu betrachten** sind Zeitungsartikel, Artikel in populärwissenschaftlichen Zeitschriften (z. B. Capital, Manager Magazin, Impulse), Publikumszeitschriften (z. B. Spiegel, Focus, Stern), Artikel in Verbandszeitschriften, Artikel ohne Verfasserangabe (zu zitieren als „o.V.") oder auch unveröffentlichte Arbeitspapiere. Diesen Quellen mangelt es oft an Breite, Tiefe und Wissenschaftlichkeit. Häufig entstehen sie unter dem

Zeitdruck des journalistischen Tagesgeschäfts und unter (partiellem) Rückgriff auf vorhandene wissenschaftliche Quellen. Nutzen Sie dann lieber gleich das Original.

All das schließt nicht aus, dass sich in solchen eher journalistisch orientieren Quellen auch sehr interessante, innovative oder kritische Aspekte zum Thema finden lassen. Daher dürfen Sie im Grundsatz solche Artikel natürlich auch verwenden, aber nur

- höchst maßvoll,
- wenn die gleichen Aspekte nicht üblicherweise auch in der einschlägigen Fachliteratur behandelt werden,
- nach einem kritischen „Qualitätscheck".

Höchst problematisch sind viele Internetquellen. Daher habe ich in der 3. Auflage dieses Buches noch für eine absolute Obergrenze von 20% der Quellenzahl plädiert. Aufgrund der Entwicklungen im Internet möchte ich hier jetzt differenzierter argumentieren und vier Kategorien von Internetquellen unterscheiden.

Erste Kategorie: Das Internet hat sich in den letzten Jahren für kommerzielle Verlage zu einer wichtigen Vertriebsschiene entwickelt. Elektronisch publizieren und verteilen ist kostengünstiger als real drucken und ausliefern. Dies gilt analog natürlich auch für die Kommunikation innerhalb des nichtkommerziellen Wissenschaftsbereichs. Im Ergebnis sind viele vormals „klassische" Printerzeugnisse heute parallel – mitunter auch exklusiv – im Internet erhältlich. Viele Fachverlage stellen komplette Zeitschriftenjahrgänge oder einzelne Artikel online zur Verfügung. Über Google-Books sind große Buchbestände eingescannt und auch der Download von E-Books ist möglich. Viele Wissenschaftler stellen ihre Arbeitspapiere auf den Homepages der Hochschulen in elektronischer Form zur Verfügung. Und Hochschulbibliotheken haben mittlerweile viele Verträge mit Betreibern von Literaturdatenbanken, die einen kostenfreien Zugang zu Online-Publikationen ermöglichen.

Alle Quellen dieser ersten Kategorie können Sie natürlich genauso wie Printquellen nutzen. Ihnen ist gemeinsam, dass eine konkrete Person „mit

ihrem guten Namen" für die Inhalte der Publikation geradesteht. Und in aller Regel ist diese Person auch noch eingebettet in eine seriöse Institution (z. B. Buchverlag, Zeitschriftenverlag, Hochschule). Dies alles zusammen bürgt für ein Minimum an Qualitätssicherung. Das Internet bietet Ihnen hier eindeutig Geschwindigkeits- und Kostenvorteile. Für einen guten Ökonomen würde es ja auch wenig Sinn machen, Zeit und Geld für eine Fahrt in die Bibliothek und für Kopiervorgänge einzusetzen, wenn er das identische Ergebnis schneller und kostengünstiger im Internet haben kann.
Eine Gefahr muss allerdings noch angesprochen werden. Ihnen ist natürlich geläufig, dass bei vielen kostenfreien Angeboten von Google-Books die Bücher nur auszugsweise eingescannt sind. Vielleicht haben Sie Glück, und der von Ihnen benötigte Abschnitt ist komplett vorhanden. Vielleicht aber auch nicht. Und dann tappen Sie in die psychologische Falle des Trägheitsmoments. Sie geben sich möglicherweise mit Wissensfragmenten, sozusagen der „halben Wahrheit", zufrieden. Es ist ja bequemer, als nochmal das komplette Werk zu beschaffen. Mit tiefgründiger Recherche und intensiver inhaltlicher Auseinandersetzung hat das allerdings nichts mehr zu tun!

Zweite Kategorie: Viele seriöse Organisationen stellen auf ihren Internetseiten unschlagbar aktuelle oder exklusive Informationen zur Verfügung. Selbstverständlich dürfen Sie sich z. B. neueste statistische Daten von der Homepage des Statistischen Bundesamtes oder der Bundesagentur für Arbeit holen (sollen Sie sogar!). Das Bundesjustizministerium oder Bundesfinanzministerium bieten komplette Gesetzestexte an – und dies mitunter schon zu einem Zeitpunkt, zu dem Gesetzesänderungen als Druckversion noch gar nicht erhältlich sind. Dies ist für Sie ein kostengünstiger Service, der zudem noch für Aktualität bürgt. Auf den Internetseiten der Gerichte finden Sie mittlerweile Urteilsdatenbanken samt Aktenzeichen und der ausführlichen Urteilsbegründungen. Wenn Sie die offizielle Meinung eines Verbandes oder einer Gewerkschaft zu einer Fragestellung recherchieren wollen, dann finden Sie diese auf deren Homepage. Und falls Sie vor der Aufgabe stehen, sich über unternehmensspezifische Konzepte, Strukturen und Entwicklungen zu informieren (z. B. Nachhaltigkeitskonzept, Aktivitäten in der betrieblichen Erstausbildung, Unternehmensgeschichte, Produktspektrum), dann ist natürlich die Homepage des jeweiligen Unternehmens ein guter Anlaufpunkt – sofern keine deutlich ausführlicheren schriftlichen Veröffentlichungen existieren.

Alle diese Quellen der zweiten Kategorie können selbstverständlich ebenfalls genutzt werden. Sie sollten aber vorab zwei kritische Fragen stellen:

- Handelt es sich um eine seriöse und bekannte Organisation? Zumindest in Fachkreisen muss deren Expertise breit akzeptiert sein.

- Gehört die Fragestellung zu den Kernaufgaben und den Kernkompetenzen dieser Organisation? Sie können zum Thema „*Fachkräftemangel in der Solarindustrie*" natürlich auf Aussagen des Branchenverbandes im Internet zugreifen. Äußert sich dieser Verband aber auf seiner Homepage ganz allgemein zu den „*Herausforderungen einer alternden Gesellschaft*", dann hätte ich ernstliche Zweifel an seinem Expertenstatus.

Widerstehen Sie also vor dem Hintergrund dieser beiden Fragen der Versuchung, im Netz „irgendwo irgendetwas zusammenzuklauben". Nicht jede Aussage, die das von Ihnen recherchierte Stichwort enthält, ist zitierfähig. Und nicht jede Organisation ist zu jedem Thema kompetent.

Dritte Kategorie: Vor dem Hintergrund der Anfertigung wissenschaftlicher Arbeiten kommen wir jetzt zur dunklen Seite des Internets. Und die ist relativ groß. Sie umfasst alle Quellen, die nicht den ersten beiden Kategorien zuzuordnen sind. Diese Aussage gründet jetzt nicht auf Technik- oder Fortschrittsfeindlichkeit! Aber machen Sie sich bitte folgendes deutlich: Das Internet ist ein extrem offenes System und jeder kann zu jedem Thema „völlig kompetenzfrei" Ausarbeitungen publizieren. Die Suchmaschinen werden diese unter dem jeweiligen Stichwort dann auch zu Tage fördern. Und wenn Sie Pech haben, sind Sie einem „grandiosen Scharlatan" aufgesessen. Bei jedem Printmedium gibt es einen mehr oder weniger fachkundigen Redakteur, der in der Funktion eines „Türhüters" in der Regel den Abdruck von völlig abwegigen Artikeln verhindern wird. Und bei vielen Organisationen existieren engmaschig gestrickte Regeln zur Frage, was in welcher Form auf der Homepage eingestellt werden darf. Dieses Minimum an Qualitätskontrolle findet im Internet vielfach nicht statt.

Aus all dem folgt, dass Quellen dieser Kategorie für eine wissenschaftliche Arbeit im Grundsatz nicht verwendet werden dürfen. Das soll keinesfalls heißen, dass nicht in irgendwelchen Newsgroups, Blogs, Foren o. ä. richtige

Fakten oder höchst intelligente Aspekte zu einem Thema geäußert werden. Aber ihre Seriosität ist kaum sicher einzuschätzen. Daher eignen sie sich nicht als Fundament für eine wissenschaftliche Arbeit. Allenfalls ist vorstellbar, dass Sie einzelne, besonders interessante Gedanken, Aspekte oder Wertungen abrundend mit aufführen. Dies aber auch nur dann (!), wenn sie in dieser Form nicht in den anderen Quellen angesprochen wurden. Quellen der dritten Kategorie können also im besten Fall Ergänzung, keinesfalls (!) aber Ersatz für die Basisquellen Ihrer Arbeit sein.

Vierte Kategorie: Ehre, wem Ehre gebührt! Daher bekommt *Wikipedia* auch eine eigene Kategorie. Mein höchster Respekt gilt der Grundsatzidee und der bislang realisierten Entwicklungsdynamik dieser Idee. Wikipedia möchte über die Mitarbeit einer großen Anzahl freiwilliger, ehrenamtlicher Autoren das Wissen der Welt in enzyklopädischer Form zusammentragen. In den Autorenrichtlinien wird gefordert, dass die Wikipedia-Artikel mit Belegen versehen sein sollen, um transparent zu machen, woher der Autor sein Wissen bezogen hat. Damit ist aber auch klar, dass es sich bei Wikipedia lediglich um eine Sekundärquelle handelt. Zudem bleibt vielfach im Dunkeln, wer die Inhalte eingestellt oder geändert hat und ob die Person wirklich den erforderlichen fachlichen Hintergrund hat. Zweifellos weisen viele Artikel ein gutes inhaltliches Niveau auf. Aber Qualität und Inhalt bleiben doch sehr zufallsgesteuert.
Was heißt das nun für Ihre wissenschaftliche Arbeit? Wikipedia kann vorzüglich für ein erstes Einlesen in die Thematik geeignet sein. Die Artikel können – mit ein wenig Glück – auf schnellem Weg einen recht guten Überblick über die wichtigsten Facetten geben, die mit Ihrer Themenstellung verbunden sind und die Sie weiter vertiefen müssen. Und vielleicht bekommen Sie auch gute erste Hinweise auf weiterführende Quellen. Keinesfalls aber kann Wikipedia eine akzeptable Quelle für das Kerngebiet ihrer wissenschaftlichen Arbeit darstellen.

Einen Aspekt muss man im Dunstkreis des Internets noch deutlich ansprechen: Die digitale Verfügbarkeit von Inhalten stellt eine große Versuchung dar, sich zeit- und arbeitssparend mit wenigen Mausklicks aus einigen Internetquellen eine Arbeit zusammenzubasteln und dann als eigenes Gedankengut auszugeben oder mit fiktiven Quellen zu unterlegen. Das ist nichts anderes als Betrug in Tateinheit mit Plagiatur! Die Steigerungsstufe stellt dann noch das Beziehen kompletter Arbeiten aus dem Internet dar. Machen Sie also bitte einen großen Bogen um Internetangebote wie *„www. seminararbeiten.de“* oder ähnliche Seiten. Um eins ganz deutlich zu sagen: Wer mit einer gekauften oder auch nur unentgeltlich abgeschriebenen Arbeit auffliegt, hat mit höchster Wahrscheinlichkeit damit sein Studium beendet. Aufgrund eines solchen Vergehens kann es sogar zu einer nachträglichen Aberkennung des akademischen Grades kommen. Unterschätzen Sie auch nicht den Ehrgeiz von Hochschullehrern bei der Aufdeckung von Plagiaten. Mittlerweile gibt es auch eine ganze Reihe von leistungsfähiger Software, die eine eingereichte wissenschaftliche Arbeit engmaschig auf Plagiatswahrscheinlichkeit analysiert. Nochmals deutlich: **Plagiatur ist Betrug!**

8. Gehen Sie bei der **Literaturrecherche** immer zeitlich rückwärts vor. Mit ein wenig Glück finden Sie vielleicht auch einen recht aktuellen Überblicksartikel zu Ihrem Themengebiet. Dies schafft dann zum einen ein erstes gutes inhaltliches Verständnis und zum anderen hilft ein Blick in dessen Literaturverzeichnis bei der weiteren Recherche.

Viele Zeitschriften verfügen über Jahresinhaltsverzeichnisse und Stichwortverzeichnisse, so dass Sie über diese Hilfe relativ schnell und komfortabel suchen können. Wichtig ist dabei, dass Ihre Stichwortliste tatsächlich auch alle für das Thema relevanten Stichworte enthält. Diese müssen Sie sich vorab erarbeiten. Und vergessen Sie dabei nicht, sich ebenfalls um die relevanten englischsprachigen Begriffe zu kümmern, damit Sie auch wichtige Quellen aus dem internationalen Umfeld verarbeiten können.

Bleiben Sie auch offen für die Erweiterung der Liste mit neuen Stichworten. Wenn Sie sich von den Überschriften der Artikel im Jahresinhaltsverzeichnis neugierig machen lassen und den jeweiligen Artikel kurz kursorisch anlesen, dann werden Sie die Erfahrung machen, dass Sie im Laufe des Rechercheprozesses immer wieder neue inhaltliche Facetten für Ihr Thema entdecken und die Stichwortliste erweitern können. Das ist im Übrigen auch der Grund, warum eine Internetrecherche eine Handrecherche nicht ersetzen kann. Das System sucht „stur“ nach dem Stichwort, das Sie ihm vorgegeben haben. „Kreative Entdeckungsprozesse“ sind nicht möglich. Und wenn Sie relevante Stichworte vergessen haben, dann blenden Sie über die automatisierte Recherche auch möglicherweise wichtige Felder des Themas aus.

9. **Rechercherelevante Zeitschriften** sind zum einen alle wichtigen, inhaltlich eher breit angelegten Fachzeitschriften Ihres Studienfachs und zum anderen alle Fachzeitschriften mit spezialisierter Ausrichtung auf Ihr gewähltes Schwerpunktfach. Für die Literaturrecherche wird vorausgesetzt, dass Sie beide Kategorien im Hinblick auf themenspezifische Beiträge sorgfältig durchgesehen haben.

Es versteht sich von selbst, dass bei einer stark spezialisierten Themenstellung zusätzlich alle auf diese „Nische“ zugeschnittenen Periodika sehr wichtig werden. So werden Sie zum Beispiel bei einer Themenstellung zur „Berufsausbildung“ natürlich auch alle Zeitschriften dieser Rubrik höchst intensiv durchsehen müssen, wohingegen sie für alle anderen Themenstellungen eher vernachlässigbar sind. Analog wird bei einer Themenstellung zum „Personalcontrolling“ die Recherche in den Fachzeitschriften der Controller unverzichtbar sein.

Leider verfügen viele Hochschulbibliotheken aus finanziellen Gründen in manchen Fachgebieten mittlerweile nur noch über recht geringe und auch sehr unterschiedliche Bestände an englischsprachigen Zeitschriften. Dies ist bedauerlich, denn eigentlich ist die Recherche in internationaler Literatur ein zwingender Baustein wissenschaftlicher Arbeit. Wenn eine andere Hochschulbibliothek für Sie mit vertretbarem Aufwand erreichbar ist, dann prüfen Sie doch einmal dort, ob zusätzlich einschlägige Zeitschriften vorhanden sind. Gerade die Lektüre von angloamerikanischen Quellen bietet mitunter neuartige Aspekte zum Thema. Verfallen Sie aber bitte nicht in den Fehler, „reinen Bibliothekstourismus“ zu betreiben und überzogene „Kopierorgien“ zu feiern. Mitunter wählen Studierende diese „Selbsttäuschungsstrategie des viel Fahrens und viel Kopierens“ und wiegen sich in der Sicherheit, dass ja sehr viel Arbeitszeit in die wissenschaftliche Arbeit investiert wurde. Behalten Sie im Auge, dass die Kopien auch noch gelesen und ausgewertet werden müssen.

Für Themen mit psychologischer oder soziologischer Ausrichtung ist natürlich auch die vertiefte Recherche in den Beständen der entsprechenden

Fachbereiche notwendig. Eine ausgeprägte arbeitsrechtliche Akzentsetzung erfordert analog eine intensive Recherche in der juristischen Fakultät. Aber auch wenn die Themenstellung nicht explizit interdisziplinäre Bezüge aufweist, kann die Recherche bei anderen Disziplinen lohnend sein. Denn falls man mit einschlägigen Artikeln fündig wird, dann bieten diese oft ganz überraschende und neuartige Zugänge zur Problemstellung.

Mitunter stellen Hochschullehrer auf ihrer Homepage oder in Lehreportalen auch Listen von rechercherelevanten Zeitschriften in ihrem Fachgebiet zusammen. Erkundigen Sie sich also bitte oder schauen Sie nach, ob der Betreuer Ihrer Arbeit einen solchen Service anbietet. Für personalwirtschaftliche Themenstellung könnten Sie im Lehreportal der EAH Jena beispielsweise eine solche Liste finden. Sie erhebt keinen Anspruch auf Vollständigkeit, ist aber andererseits weit mehr als eine erste Anregung, da sie breit etablierte Titel enthält, die zum größeren Teil auch in allen Hochschulbibliotheken zu finden sein werden.

10. Immer häufiger erhalten Hochschullehrer mittlerweile **E-Mails** nach dem Muster *„Ich bin Student an der Hochschule in XY und schreibe in meiner Arbeit über das Thema XY. Könnten Sie mir bitte relevante Literatur zu diesem Thema nennen* (oder ganz hartgesotten: *zusenden!*)*?“*. Mitunter scheinen die E-Mail-Optionen die Dreistigkeit zu beflügeln und das Nachdenken zu untergraben. Meine Standardantwort ist jeweils die gleiche: *„Literaturrecherchen gehören zu den Basisleistungen einer wissenschaftlichen Arbeit und können damit nicht arbeitsvermeidend auf einen Dritten abgewälzt werden.“* Damit wäre zu diesem Thema alles gesagt.

11. Ein recht gutes Indiz dafür, dass Sie einen **Überblick über die Literatursituation haben**, ist das Gefühl, dass Sie immer wieder auf die gleichen Namen stoßen und dass Sie merken, welche Autoren immer wieder von den anderen zitiert werden.

12. Mitunter leiden Studierende unter der **Zweifelsfrage**, ob es denn ausreicht, das zu erarbeiten, was in der Literatur steht *(„Ich kann doch nicht nur aus Büchern abschreiben!“)*. Dazu sei klar gesagt, dass es selbstverständlich eine eigenständige wissenschaftliche Leistung ist, eine komplexe

Literatursituation kompakt, geordnet, in eigenen Worten und mit einer hinreichenden kritischen Distanz darzustellen.

13. Zur **Verwendung von direkten oder indirekten Zitaten** ist zu bemerken, dass von direkten Zitaten nur sehr sparsam Gebrauch gemacht werden sollte. Sie finden nur dann Verwendung, wenn die Wiedergabe des genauen Wortlauts sehr wichtig ist oder wenn es sich um eine besonders prägnante, pfiffige oder außergewöhnliche Formulierung handelt. Der Regelfall ist die indirekte Zitation. Sie geben dabei den Inhalt von Quellen in eigenen Worten wieder.

Denken Sie bitte auch daran, dass bei der Quellenangabe für direkte Zitate der Zusatz „*vgl.*" entfällt. Der geübte Leser bekommt damit in den Fußnoten einen schnellen optischen Hinweis auf das Vorliegen eines direkten Zitats.

14. Bei der **Art des Quellenbelegs** entscheiden Sie sich bitte für die Verwendung von **Fußnoten**. Ein im laufenden Text integrierter Quellenbeleg ist nicht erwünscht. Er stört den Lesefluss und ist insbesondere dann problematisch, wenn neben der Quellenangabe auch noch inhaltliche Anmerkungen gemacht werden.

15. Es wird immer wieder nach der angemessenen **Zahl von Fußnoten** gefragt. Auch darauf gibt es keine allgemeingültige Antwort, höchstens diese: Belegt werden muss jeder zusammenhängende Gedankenkreis, den Sie aus der Literatur entnehmen.
In einer Faustregel wird man im Durchschnitt von drei bis fünf Fußnoten je Seite ausgehen können. Die Schwankungen um den Durchschnitt sind aber beträchtlich. Es kann Seiten mit deutlich mehr Fußnoten geben (z. B. wenn Sie eine Begriffsdiskussion führen oder eine kompakte Gegenüberstellung zu Vor- und Nachteilen eines Instruments liefern), aber auch Seiten gänzlich ohne Fußnoten (z. B. wenn Sie selbst erhobene empirische Ergebnisse darstellen, erläutern und interpretieren oder eine eigene kritische Stellungnahme zu einem Instrument abgeben).

16. Bei der **Form der Fußnoten** sollten Sie eine platzschonende Kurzzitierweise wählen, zum Beispiel:

Vgl. Müller (2016), S. 85

Falls es sich um eine Zeitschrift handelt, dann setzen Sie bitte die Nummer innerhalb des Jahres dazu, damit der Leser sofort erkennt, dass er es mit einem Zeitschriftenbeitrag zu tun hat. Er bekommt damit die Information, dass er die ausführliche bibliografische Angabe innerhalb des Quellenverzeichnisses (siehe Punkt 18) eventuell in einem separaten Zeitschriftenverzeichnis nachschlagen kann. Die Fußnote hätte dann zum Beispiel folgendes Aussehen:

Vgl. Müller (7/2016), S. 85

In Abweichung von *Scheld* (Kapitel 3.8: „Fußnotentechnik") sind bitte folgende „persönliche Vorlieben" zu beachten:

- Quellenangaben sind grammatikalisch keine Sätze und werden daher nicht mit einem Punkt abgeschlossen. Dies gilt natürlich nicht für Anmerkungen in den Fußnoten.
- Achten Sie auch auf die durchgehend einheitliche Verwendung von Leerzeichen nach folgendem Muster: *Vgl. Müller (2008), S. 85*
- Bei der Zitation mehrerer Seiten beachten Sie bitte die unterschiedliche Verwendung von Abkürzungspunkten: *S. 85f* vs. *S. 85ff.*
- Trennen Sie mehrere Quellenbelege durch ein Semikolon: *Vgl. Müller (2017), S. 85; Schmitt (1996), S. 12; Huber (2006), S. 11*

Mehrere Quellenbelege in einer Fußnote sollten Sie absteigend nach Wichtigkeit ordnen. Sind sie alle von gleicher Wichtigkeit, dann ordnen Sie bitte chronologisch – die aktuellste Quelle zuerst.

17. Internetquellen sind in den Fußnoten bei der Zitation im Grundsatz genauso wie Printquellen zu behandeln (siehe Punkt 16). Es gibt aber einen wichtigen Unterschied: Damit der Leser sofort erkennt, dass die Quelle im Internet verfügbar und damit für ihn leicht zugänglich ist, müssen Sie hinter der Angabe das Kürzel „*(www)*" einfügen. Die Fußnote hätte dann folgendes Aussehen:

Vgl. Müller (2008), S. 85 (www)

Das bedeutet, dass Sie auf den verwendeten Internetseiten möglicherweise ein wenig nach diesen Angaben fahnden müssen. Sollte ein konkreter Autor des Artikels nicht feststellbar sein, wohl aber eine (bekannte) Organisation, dann behandeln Sie diese bitte als „Herausgeber“ der Quelle. Typische Beispiele für eine Fußnote wären dann:

- *Vgl. BMW AG (Hrsg.) (2014), S. 23 (www)*
- *Vgl. Statistisches Bundesamt (Hrsg.) (2017), o. S. (www)*
- *Vgl. Bundesverband der dt. Industrie (Hrsg.) (o. J.), S. 7 (www)*

Natürlich können Sie auch die einschlägigen Abkürzungen für diese Organisationen verwenden, müssen sie dann aber in einem Abkürzungsverzeichnis aufführen.

Sollten Sie weder einen konkreten Autor oder zumindest eine herausgebende Organisation, noch ein Datum für die Erstellung des Dokuments, noch eine Seitenzahl ausfindig machen können, dann hat die Fußnote im Extremfall folgende Gestalt:

Vgl. o.V. (o. J.), o. S. (www)

Dieser negative Fall wird vor allem bei Verwendung von Internetquellen der dritten Kategorie (siehe Punkt 7. d) auftreten. Die eigenartige Form der Fußnote zeigt nochmals, dass eine solche Quelle nur im sehr seltenen Ausnahmefall sinnvoll ist.

ACHTUNG: Die Inhalte von Internetquellen können sich im Einzelfall schnell verändern. Daher sollten Sie den verwendeten Seiteninhalt offline abspeichern, damit Sie ihn im Bedarfsfall nachweisen können. Da Sie Ihre wissenschaftliche Arbeit ohnehin auch in digitaler Form auf CD-ROM abgeben müssen (siehe Kap. VII, Nr. 10), sollten Sie auch zusätzlich eine Datei mit den Internetquellen beifügen.

Wie Internetquellen im Quellenverzeichnis zu behandeln sind, thematisiert der nächste Punkt 18.

18. Im **Quellenverzeichnis** nehmen Sie bitte, soweit erforderlich, eine Unterteilung in folgende vier Kategorien vor:

- Bücher und Zeitschriften
- Internetquellen
- Rechtsquellen
- Sonstige Quellen (z. B. Prospekte, telefonische Auskünfte, Interviews).

Sollten Sie ausschließlich Printquellen verwendet haben, dann können Sie das gesamte Verzeichnis auch mit *Literaturverzeichnis* (statt: *Quellenverzeichnis*) überschreiben.
Wenn Sie sehr viele Printquellen verwendet haben, dann bietet es sich möglicherweise an, Bücher und Zeitschriften in getrennten Rubriken aufzuführen.

Hier noch einige weitere ausgewählte Einzelhinweise:

- Autoren können mit abgekürztem Vornamen aufgeführt werden.
- Bei Zeitschriftenartikeln kann auf die Angabe des Jahrgangs verzichtet werden.
- Bei Zeitschriftenartikeln ist der Zusatz *„(Zeitschrift)“* entbehrlich; der Leser erkennt es an der Form der Quellenangabe.
- Achten Sie auf die korrekte Angabe von Beiträgen aus Herausgeberwerken. Jeder verwendete Beitrag muss im Literaturverzeichnis mit Autor, Titel- und Seitenangabe separat aufgeführt werden. Die Quellenangabe hätte dann z. B. folgendes Aussehen:

  Müller, R. (2016): Mitarbeitergespräche motivierend und zielorientiert führen, in: Wagner, S./Schmitt, A. (Hrsg.): Führungsinstrumente für die Praxis, 2. Auflage, Bonn 2016, S. 85–92

- Manche Handwörterbücher sind nicht nach „Seiten“, sondern nach „Spalten“ aufgebaut. In der Quellenangabe und in der Fußnote muss dann folgerichtig auch *„Sp.“* (für *„Spalte“*) angegeben werden.
- Achten Sie auf eine übersichtliche und optisch angenehme Gestaltung des Literaturverzeichnisses. Eventuell verwenden Sie Fettdruck oder Großschreibung für die Autorennamen. Arbeiten Sie mit Einrückungen und Leerzeilen.

Internetquellen sind im Quellenverzeichnis im Grundsatz mit den gleichen Informationen wie Printquellen anzugeben, also:

> *Autor (oder Herausgeberorganisation) – Titel – Erscheinungsmonat/-jahr – Erscheinungsort – Seitenangaben*

Sollte ein Bestandteil nicht feststellbar sein, dann müssen Sie mit den üblichen Kürzeln operieren: *o. V., o. T., o. J., o. O., o. S.* .

Informationen zu der Herausgeberorganisation, insbesondere den Ort ihres Sitzes, erhalten sie in der Regel auf dem *Impressum* der Homepage.

Zusätzlich sind Internetquellen zwingend mit dem genauen Zugriffspfad, also der URL (= Uniform Resource Locator) und dem Zugriffsdatum zu versehen.

In der digitalen Abgabeversion auf CD-ROM muss der Zugriffspfad als aktiver Hyperlink ausgestaltet sein, so dass der Leser per Mausklick direkt einen Zugang zu dem Dokument im Internet herstellen kann. In der Textverarbeitung WORD ist dies über den Menüpfad „*Einfügen – Hyperlink*“ einfach möglich.

Wenn Sie also zum Beispiel die aktuelle Zahl der Erwerbstätigen im August 2017 in Deutschland auf der Webseite des Statistischen Bundesamtes recherchiert haben, dann hätte die Quellenangabe folgendes Aussehen:

Statistisches Bundesamt (Hrsg.)(2017): 44,3 Millionen Erwerbstätige im August 2017 (Pressemitteilung 344), Wiesbaden 2017, o. S.
URL: www.destatis.de/DE/PresseService/Presse/Pressemitteilungen/2017/09/PD17_344_132.html (02.10.2017)

19. Es wird vorausgesetzt, dass Sie nur mit **Originalliteratur** (= **Primärquellen**) arbeiten. Sollten Sie im seltenen Ausnahmefall (!) eine **Sekundärquelle** zitieren, dann müssen beide Quellen im Literaturverzeichnis aufgeführt sein. Die Fußnote hätte wie folgt auszusehen, wenn „Müller“ die Primärquelle ist:

> *Müller (2009), S. 26 zitiert nach Koch (2014), S. 84*

V. Inhalt

1. Zentrale **Gütekriterien** der inhaltlichen Qualität der Arbeit sind zum einen die **Vollständigkeit**, mit der alle wichtigen Fragenkreise des Themas erkannt und abgedeckt und zum anderen die **Aspektvielfalt**, mit der sie dann dargestellt und diskutiert werden.

2. Prüfen Sie immer selbstkritisch, ob alle Ausführungen auch wirklich einen **engen Bezug zum Thema** haben oder ob Sie nicht auf irrelevante Aspekte eingehen bzw. Randaspekten ein zu großes (seitenmäßiges) Gewicht beimessen. Alle Ausführungen müssen einen Beitrag zu dem von Ihnen zu lösenden Problem leisten. Rufen Sie sich dazu immer wieder das Ziel der Arbeit vor Augen, das Sie hoffentlich im Rahmen der Grundlegung präzise formuliert haben. Vielleicht heften Sie es auch gut sichtbar in die Arbeitsmappe oder an den Monitor des PCs.

3. **Eigene Meinung, kritische Distanz** und **innovative Ideen** sind explizit gewünscht!

Haben Sie ruhig den Mut dazu. Wenn Sie Darstellungen in der Literatur für unzutreffend, für unlogisch oder für zu oberflächlich halten, dann müssen Sie das auf alle Fälle kritisch vermerken. Wenn Sie eine Quelle verwenden, dann wirkt diese mit all ihren Vor- und Nachteilen für oder gegen Sie. Übernehmen Sie also nicht „völlig blauäugig" alles, was gedruckt ist.

Sie sind in der wissenschaftlichen Auseinandersetzung nicht nur an das gefesselt, was in der Literatur steht, sondern haben durchaus auch das Recht und die Möglichkeit zu Eigenbeiträgen. Fallen sie hinreichend überzeugend aus, dann werden sie auf alle Fälle auf die Bewertung der Arbeit einen positiven Einfluss haben. Eigenständiges Denken ist nicht verboten!

Aber bitte Vorsicht! Das war jetzt kein Freibrief für jede Form „dichterischer Freiheit". Es gilt nämlich, folgende Regeln einzuhalten:

- Die eigenen Meinungen und Ideen dürfen nicht eine fundierte Darstellung des Literaturstandes ersetzen. Dieser ist vorab zu referieren und erst dann können kritische Anmerkungen oder Erweiterungen erfolgen.

- Literaturdarstellung und Eigenbeitrag müssen klar voneinander getrennt sein. Dies erreicht man z. B. durch Formulierungen wie: „*Nach Ansicht des Autors* ....“; „*Die Auffassung von Müller ist allerdings hinsichtlich folgender Aspekte kritisch zu sehen:* ....“; „*In Ergänzung der Darstellungen von Müller* .....“.

- Kritische Anmerkungen zur Literatur müssen nachvollziehbar begründet werden.

4. Sofern die Themenstellung die Durchführung einer **empirischen Untersuchung** umfasst, müssen Sie zwingend die theoretischen Grundlagen zum methodischen Vorgehen darstellen. Ohne spezielle Literatur zum Themengebiet *„Empirische Sozialforschung“* ist dies nicht möglich. Erwartet wird eine Darstellung des gesamten „Untersuchungsdesigns“, die auch eine kompakte Vorteils-Nachteils-Abwägung insbesondere für die eingesetzten Erhebungsinstrumente einschließt. So müssen Sie beispielsweise begründen, warum Sie sich für eine schriftliche Befragung und damit gegen mündliche Interviews entschieden haben, warum Sie eher mit geschlossenen Fragen und weniger mit offenen Fragen arbeiten und welche Argumente nun genau für den von Ihnen gewählten Skalentyp sprechen. Weitere wichtige Aspekte des **Untersuchungsdesigns** wären z. B.:

- Untersuchungsziel
- Untersuchungsgesamtheit
- Rekrutierungs- und Auswahlprocedere für die Teilnehmer
- Maßnahmen der Rücklaufsicherung
- Maßnahmen des Datenschutzes und der Anonymisierung
- Datenerfassung
- Auswertungsprocedere.

Detaillierte Hinweise und Tipps speziell zu Konzeption, Durchführung und Auswertung von schriftlichen Fragebogenuntersuchungen erhalten Sie in Teil C dieses Buches.

VI. Formulierungen und Argumentation

1. Die **wissenschaftliche Sprache** ist eher „karg“. Es geht darum, auf einer beschränkten Seitenzahl ein Maximum an Informationen oder Aspekten prägnant und eindeutig zu präsentieren. Verzichten Sie also auf „blumige“ oder „journalistische“ Formulierungen. Streichen Sie unnötige Füllwörter. Hinterfragen Sie jeden einzelnen (!) Satz, ob er wirklich eine inhaltliche Information transportiert. Wenn nicht, ist er unnötig. Fragen Sie auch kritisch, ob man die gleichen Inhalte nicht kürzer/kompakter formulieren kann.

2. Benutzen Sie **keine „Ich-Form“**. In wissenschaftlichen Arbeiten sind unpersönliche oder passivierte Formulierungen üblich (z. B. *„man kann anmerken, dass ...“*, *„es ist davon auszugehen, dass ...“*, *„nach Ansicht der Verfasserin ...“*).

3. Achten Sie auf **Verständlichkeit** der Ausführungen. Wissenschaftlichkeit wird nicht durch eine komplizierte Sprache nachgewiesen. Was einfach ausgedrückt werden kann, muss auch einfach ausgedrückt werden und darf nicht unnötig verkompliziert werden. Sie müssen sich zwar der einschlägigen **Fachsprache** bedienen, sollten aber gleichwohl auf einen überstarken Gebrauch von Fremdwörtern verzichten. Es werden keine Latein- oder Englischnoten vergeben.

Vermeiden Sie lange und/oder verschachtelte Sätze. Sie erschweren die Verständlichkeit. Kurze, prägnante Sätze ohne viele Einschübe sind gefragt.

Lassen Sie die Arbeit von einem (oder noch besser: mehreren) Fachfremden lesen. Dies ist dann ein sehr realistischer Verständlichkeitstest für Ihre Formulierungen.

4. Für zentrale Fachtermini müssen **Definitionen** geliefert werden. Überfrachten Sie aber andererseits die Arbeit nicht mit Definitionen. Allgemein geläufiges Fachvokabular kann als bekannt vorausgesetzt werden. Davon gibt es allerdings eine wichtige Ausnahme. Wenn ein Begriff Teil der thematischen Auseinandersetzung ist, muss er definiert werden. So kann zum Beispiel der Begriff *„Motivation“* in einer Arbeit über *„Alkohol im*

Betrieb" auch ohne explizite Definition verwendet werden. Bei einer Themenstellung *„Kritische Darstellung von Motivationstheorien"* kommen Sie keinesfalls um eine vertiefte definitorische Diskussion herum.

Für die Schlüsselbegriffe der Arbeit müssen Sie auch eine Definitionsdiskussion führen. Sie stellen dann mehrere alternative Definitionen vor und nehmen kritisch-abwägend zu ihnen Stellung. Im Ergebnis müssen Sie dann zu einer Definition kommen, die dem weiteren Verlauf der Arbeit zugrunde liegt. Dabei kann es sich auch um eine Mischung aus den vorgestellten Definitionen handeln. Durch Sie hinzugefügte Definitionselemente sind ebenfalls nicht ausgeschlossen, wenn Sie das für wichtig halten und gut begründen. Schlüsselbegriffe der Arbeit sind in der Regel die, die in der Themenformulierung auftauchen. Heißt das Thema *„Kritische Darstellung des Changemanagements"*, dann kommt man um eine Definitionsdiskussion zu *„Changemanagement"* nicht umhin.

Sollten in einer Arbeit sehr viele Definitionen erforderlich sein, dann kommt zu Gunsten des Leseflusses auch eine Verlagerung in die Fußnoten in Betracht.

Betrachten Sie das „Abliefern" einer Definition nicht als „punktuelle Pflichtübung". Wichtig ist, dass Sie den Begriff über die ganze Arbeit konsequent so verwenden, wie Sie ihn definiert haben.

5. Vermeiden Sie **Wiederholungen**. In vielen Arbeiten steckt erhebliches Kürzungspotenzial aufgrund mehrfacher Darlegung gleicher Gedanken. Besonders unschön wird es, wenn Sie die erwünschte Seitenzahl der Arbeit überschritten haben und der Korrektor Ihnen Wiederholungen in größerem Maßstab nachweisen kann. Befreien Sie also in einer Schlussdurchsicht die Arbeit von allen Redundanzen!
Um den Leser nochmals an bereits Dargelegtes zu erinnern, steht das Instrument des **Verweises** zur Verfügung. Dieser sollte möglichst exakt sein. Ein Verweis lediglich auf ein Kapitel, das dann vielleicht acht Seiten umfasst, ist für den Leser wenig komfortabel. Helfen Sie ihm mit einer konkreten Seitenzahl.

6. Prüfen Sie Ihre Argumentationsführung im Hinblick auf **Widerspruchsfreiheit**. Einem aufmerksamen Leser wird es auffallen, wenn Sie z. B. auf Seite 63 auch nur graduell etwas anderes behaupten als auf Seite 14 oder Begriffe nicht konsistent verwenden. Wirklich kritische Korrekturleser helfen bei der Aufdeckung solcher Brüche.

7. Die Argumentationsführung muss einen „**roten Faden**" aufweisen. Der Leser muss erkennen können, wie ein Gedanke aus einem vorherigen folgt. Vermeiden Sie daher Sprunghaftigkeit in den Darlegungen und nehmen Sie den Leser systematisch Schritt für Schritt auf Ihrer „Gedankentreppe" mit. Verlieren Sie nicht aus den Augen, dass der Leser sich nicht wie Sie selbst schon mehrere Wochen mit der Thematik befasst hat. Einiges, was für Sie mittlerweile völlig selbstverständlich ist, muss ihm eventuell in ein oder zwei Sätzen erläutert werden.

8. Wählen Sie für Ihre Ausführungen einen **angemessenen Abstraktionsgrad**. Einerseits haben abstrakte Ausführungen den Vorteil, dass man Zusammenhänge sehr kompakt und mit hoher Allgemeingültigkeit darstellen kann. Andererseits führt ein zu hoher Abstraktionsgrad dazu, dass die Aussagen zum einen möglicherweise schwer verständlich sind und zum anderen so allgemeingültig werden, dass sie kaum noch Informationen transportieren und damit gegen Widerlegungen fast immunisiert sind. Dann hätten sie den Charakter von „Leerformeln" (siehe dazu näher Nr. 12).

Ein Beispiel: *„Die Wahl der richtigen Strategie fördert den Unternehmenserfolg".* Der Richtigkeit dieser Aussage wird man kaum widersprechen können. Viel schlauer ist der Leser aber auch nicht. Weder wird deutlich, was unter „*richtig*" zu verstehen ist, noch welcher „*Strategiebereich bzw. welche Strategieart*" relevant ist, noch was konkret unter „*Unternehmenserfolg*" zu verstehen ist. Wesentlich konkreter und damit kontrovers diskutierbarer wäre folgende Aussage: „*Eine konsequent aus dem Unternehmensimage abgeleitete Standortstrategie wird zu einer Verbesserung des mengenmäßigen Marktanteils beitragen*".

Zur Vermeidung eines zu hohen Abstraktionsgrads bietet sich auch die **Verwendung von Beispielen** an. Sie steigern die Verständlichkeit und sind vor allem auch Nachweis dafür, dass Sie einen abstrakten Zusammenhang nicht nur aus der Literatur entnommen, sondern auch inhaltlich verarbeitet haben und konkret auf Ihre Themenstellung beziehen können.

9. Vermeiden Sie **vorschnelle Behauptungen und undifferenzierte Pauschalaussagen**. Beispiel: *„Für kleine und mittelständische Unternehmen kommt eine Internationalisierungsstrategie grundsätzlich nicht in Betracht. Daher werden im weiteren nur Großunternehmen betrachtet.*" Einverstanden? Wohl nicht!

Es ist ein zentrales Gütekriterium wissenschaftlicher Argumentation, Behauptungen durch Fakten oder **Begründungen** zu untermauern bzw. die Bedingungen näher zu beschreiben, unter denen eine Aussage Gültigkeit hat. Wenn Sie das tun, dann genießen Sie in Ihrer Arbeit durchaus auch die „Freiheit der Wissenschaft" und können eindeutige Positionen vertreten.
Der Vorwurf „etwas unbegründet behauptet zu haben" wiegt allemal schwerer als der Vorwurf, dass „die Begründung an der ein oder anderen Stelle nicht überzeugt".

10. Die Arbeit muss, unter Verwendung des einschlägigen Fachvokabulars, in Ihrer **eigenen Sprache** abgefasst sein. Eine zu direkte Übernahme der Formulierungen aus den Quellen oder gar eine weitgehende Aneinanderreihung von direkten Zitaten nährt beim Leser Zweifel, ob Sie denn wirklich alles verstanden und verarbeitet oder doch eher nur abgeschrieben haben. Bildlich gesprochen holen Sie sich die „Zutaten" für Ihre Arbeit aus den Quellen und komponieren dann selbst ein möglichst schmackhaftes eigenes „Gericht" daraus.

Rein stilistisch stellt die eigene Sprache auch sicher, dass die Arbeit „wie aus einem Guss" wirkt. Lehnen Sie sich formulierungsmäßig zu stark an die Literatur an, dann wird es zwangsläufig zu stilistischen Brüchen kommen, da jeder Autor einen graduell anderen Stil verfolgt.

11. Vermeiden Sie eine **reine Auflistung von Stichworten**. Auch dies führt zu Zweifeln an Ihrem inhaltlichen Verständnis. Abgeschriebene Stichworte aneinander zu reihen ist nämlich nicht sonderlich schwer. Kurze Erläuterungen zu jedem Stichwort (eventuell auch in der Fußnote) zerstreuen diese Zweifel wirksam.

Ungeachtet dessen kann die Auflistung einiger Stichworte aber auch sehr wertvoll sein. Nämlich dann, wenn sie der Konkretisierung eines abstrakten Zusammenhangs dienen (siehe oben, Nr. 8). Dann beweisen Sie Ihr Verständnis für die abstrakte Aussage, indem sie auf die konkrete Ebene heruntergebrochen wird.

12. Sätze, die so gut wie keinen Informationswert haben, nennt man „**leerformelhafte Formulierungen**". Genauso wenig wie Sie für eine leere Milchpackung Geld zahlen würden, können Sie Pluspunkte für „tote Sätze" erwarten. Im Gegenteil. Kommen solche Passagen zu häufig vor, führt dies zu einer Abwertung der Arbeit.

Um Ihre Sensibilität für leerformelhafte Formulierungen zu schärfen, sind nachfolgend einige typische Beispiele zusammengestellt. Es handelt sich um Originalzitate aus studentischen Arbeiten. Leerformelhaft sind die zitierten Sätze, weil ihnen keinerlei nähere Erläuterungen folgten:

- *„Die Einführung ist in Deutschland wegen der Existenz vielfältiger lohnsteuer- und sozialversicherungspflichtiger Hürden problematisch"*.
  Kommentar: Zwar liegt man mit der Vermutung der Existenz gesetzlicher Hürden in Deutschland wohl nie verkehrt, aber ohne Angabe einiger konkreter Beispiele, worin denn die Hürden konkret bestehen, handelt es sich hier um eine Aussage ohne Informationswert.

- *„Art und Umfang der Beratungsleistungen sind von den Voraussetzungen des zu zertifizierenden Unternehmens abhängig."*
  Kommentar: Das stimmt wohl immer. Welche Voraussetzungen des Unternehmens aber sind relevant und zu welchen Konsequenzen führen sie dann hinsichtlich der erforderlichen Beratungsleistungen?

- *„Auf die Erfahrung bei der Nutzung des EFQM-Modells aufbauend, wurde dieses im Jahr 1999 überarbeitet."*
  Kommentar: Auch hier lässt der Autor den Leser dumm sterben. Worin bestanden die Erfahrungen? Welche Überarbeitungen wurden beim EFQM-Modell vorgenommen?

- *„Gleichzeitig müssen Partizipationsmöglichkeiten der Mitarbeiter geschaffen werden. Dabei sind Instrumente der Mitarbeiterführung im Sinne von Vorgesetztenführung und verhaltenssteuernde Maßnahmen des Personalmanagements gefragt.“*
  Kommentar: Wüßten Sie als Vorgesetzter jetzt, auf welchem Wege Sie eine stärkere Partizipation der Mitarbeiter realisieren können?

- *„Die Prägung der tatsächlich vorhandenen bzw. als verfügbar wahrgenommenen Ressourcen lässt sich vorwiegend auf die Umwelt im weitesten Sinne zurückführen.“*
  Kommentar: Und da denkt man immer, leerer als leer geht nicht.

- *„Die Denkhaltung der Unternehmen hat viel zu tun mit dem Unternehmensleitbild, mit Fragen der Corporate Identity, und der Unternehmenskultur.“*
  Kommentar: Die Dichte der Fachwortverwendung ist schon meisterlich, an der Aussagenschärfe wäre wohl noch zu arbeiten.

Abschließend noch zwei Beispiele, bei denen über die Verwendung stark werthaltiger Adjektive inhaltliche Substanz vorgespiegelt werden soll, die de facto nicht vorhanden ist. Per se verdächtig sind immer Vokabeln, die man auch im Rahmen von Werbeaussagen finden könnte, wie z. B. *„modern“*, *„flexibel“*, *„zeitgemäß“*, *„erfolgreich“*, *„konkurrenzfähig“*:

- *„Vielmehr besteht durch E-Learning die Chance, zeitgemäße, flexible Lernstrukturen zu schaffen (...).“*
- *„Durch eine fundierte und flexible Ausbildung will die XY-Bank Bankkaufleute ausbilden, die (...).“*

VII. Formalia

1. Bei allen Formalia, die in diesem Leitfaden nicht explizit angesprochen werden, können Sie sich für eines der **gängigen Gestaltungsmuster** entscheiden, wie sie in den einschlägigen Anleitungsbüchern (z. B. *Scheld*) beschrieben sind. Das gewählte Muster müssen Sie dann aber auch konsequent durchhalten.

2. Für die **Gestaltung der Seiten** verwenden Sie bitte **Blocksatz**. Vergessen Sie dabei aber nicht die Durchführung eines **Trennlaufs**, um übergroße Leerstellen in den Zeilen zu vermeiden. Vertrauen Sie dabei keinesfalls blind dem Silbentrennungsprogramm Ihrer Textverarbeitung. Das schlägt mitunter sehr abenteuerliche Trennungen vor. Empfehlenswert ist die Durchführung eines manuellen Trennlaufs, bei dem jeder Trennungsvorschlag einzeln bestätigt werden muss.

Der **Zeilenabstand** muss auf alle Fälle **1,5-zeilig** gewählt werden. Bei der **Schriftgröße** verwenden Sie bitte einen **12er-Schriftgrad**. Bei Fußnoten oder Tabellen kann eine kleinere – aber noch gut lesbare – Buchstabengröße verwendet werden. Beim **Schrifttyp** haben Sie grundsätzlich freie Hand, sollten aber von „verspielten“ Schriften absehen. Mit dem Klassiker „Times New Roman“ oder mit „Arial“ werden Sie im Regelfall bei Ihrem Betreuer keinen Fehler machen.

3. Der letzte Millimeter **Seitenrand** mehr oder weniger ist keine dogmatische Frage, zumal sich die einzelnen Anleitungsbücher hier ohnehin unterscheiden. Viel wichtiger ist, dass die Arbeit in Gesamtschau **lesefreundlich** angelegt ist, **optisch ausgewogen** und **ästhetisch ansprechend** wirkt. Vertrauen Sie in Detailfragen da ruhig auch einmal auf Ihren eigenen guten Geschmack. Gerade die Abschlussarbeit ist die „Krönung des Studiums“. Das sollte auch in einer entsprechend **sorgfältigen und hochwertigen Gestaltung** zum Ausdruck kommen. Und für diese Krönungszeremonie kann man ja schon mal bei der Seminararbeit eine Generalprobe durchführen.

Übertreiben Sie aber bitte nicht die Gestaltung des „Outfits der Arbeit“. Handgeschöpftes Büttenpapier, Goldschnitt, Lesebändchen und Ledereinband aus tibetanischem Hochlandrind sind weder notwendig noch erwünscht. Im Gegenteil: Vielleicht keimt beim Korrektor sogar der Verdacht, dass ein extrem glamouröser Auftritt von inhaltlichen Defiziten ablenken soll. Dies soll Sie jetzt aber nicht davon abhalten, bei der Gestaltung ruhig auch ein wenig zu „zaubern“ und Ihrer Arbeit eine **ansprechen-**

de Optik zu geben. Gegen farbige Abbildungen oder ausklappbare Tabellen hat sicherlich kein Betreuer etwas. Seien Sie gerade bei Abbildungen auch selbstkritisch. Wenn die aus einem Buch eingescannte Grafik blass oder mit einem Grauschleier daherkommt, dann muss sie eben nochmals mit z. B. PowerPoint neu erstellt werden.

4. Achten Sie bitte auf eine sorgfältige und handhabungsfreundliche **Bindung** der Arbeit. Weder dürfen dem Korrektor die einzelnen Seiten nach mehrmaligem Blättern „entgegenrieseln", noch sollten Sie ihm zumuten, permanent Muskelkraft aufbieten zu müssen, um das Werk am selbsttätigen Zuschlagen zu hindern. Für Abschlussarbeiten ist ein fester Einband durch den Buchbinder Standard. Bei Seminararbeiten reicht die Verwendung eines qualitativ guten Schnellhefters. Sehr angenehm zu handhaben ist auch eine Spiralbindung. Ich persönlich bevorzuge diese Version. Keinesfalls akzeptabel ist die Abgabe loser Seiten in einer Dokumentenhülle. Unverständlicherweise kommt auch dies immer noch vor.

5. Die vorgegebene **Seitenlänge** beträgt bei Seminararbeiten 15–20, bei Bachelorarbeiten 40–50 und bei Master- oder Diplomarbeiten 60–80 Seiten. Gemeint ist reiner Text, also ohne Titelblatt, Gliederung und Verzeichnisse. „20 Seiten" heißt 20 Seiten, nicht 23, 22 oder 21 Seiten. Die Seitenlänge ist bei Seminararbeiten nicht verhandelbar, bei Bachelor-, Master- oder Diplomarbeiten nur im begründeten Ausnahmefall und nur nach vorheriger Rücksprache. Eine deutliche Überschreitung kann zu einer Rückgabe der Arbeit mit Kürzungsauflagen, im Extremfall aber auch zu einem „nicht bestanden" führen. Auf jeden Fall wird der Korrektor bei jeder Überschreitung der vorgegebenen Seitenzahl höchst kritisch prüfen, ob die Arbeit zu weitschweifig angelegt ist oder Redundanzen enthält und dies dann auch in einem Bewertungsabschlag berücksichtigen. Verdeutlichen Sie sich bitte, dass die wissenschaftliche Erörterung eines Themas auf begrenztem Raum eine eigenständige Anforderung darstellt. Von einem berühmten Römer stammt der Ausspruch *„Hätte ich Zeit gehabt, dann hätte ich Dir kürzer geschrieben"*. Nehmen Sie sich also die Zeit für nötige Kürzungen. Im übrigen ist auch eine Vergleichbarkeit und damit eine faire Bewertung der Arbeiten erschwert, wenn sich der eine Themenbearbeiter an die Seitenvorgabe hält, ein anderer sie aber deutlich überzieht. Mehr Platz eröffnet natürlich auch mehr Profilierungsmöglichkeit.

6. Die Verwendung von **Anhängen** ist zulässig. Sie stellen aber kein Instrument dar, um „durch die Hintertür" die vorgesehene Seitenzahl zu erweitern. Für die Arbeit zentrale Problemkreise oder auch Abbildungen dürfen keinesfalls in den Anhang „verbannt werden". Es gilt die Grundanforderung, dass die Arbeit auch ohne Einsicht in den Anhang gelesen und verstanden werden kann. Anhänge liefern lediglich Zusatzinformationen für den an weiteren Details interessierten Leser.

Typische Beispiele für Anhänge: Fragebögen oder ausführliche Ergebnistabellen bei empirischen Untersuchungen, Gesetzestexte im Wortlaut, Betriebsvereinbarungen, Verträge, Schriftwechsel, Prospekte, Produktbeschreibungen, Handhabungsvorschriften für den Einsatz von Managementinstrumenten im Unternehmen.

Auf jeden Anhang muss vom Haupttext aus mit konkreter Seitenzahl verwiesen werden. Bei einem umfänglichen Anhang wäre ein Verweis „siehe Anlage 8" absolut nicht nutzerfreundlich.

7. Hinsichtlich **Rechtschreibung, Grammatik und Zeichensetzung** wird eine fehlerfreie Arbeit erwartet! Dabei ist klar, dass auch bei aufwändigstem Korrekturlesen dann doch noch der ein oder andere Flüchtigkeitsfehler oder Verdreher „durch die Maschen rutschen" kann. Hier gilt: „Irren ist menschlich, Schlamperei aber nicht!". Ein Sorgfaltsfehler pro Seite – und dazu zählen auch vergessene Punkte oder Leerzeichen o. ä. – sind definitiv deutlich zu viel!

Sie selbst werden als Autor der Arbeit vermutlich etliche Fehler auch bei mehrfachem, konzentriertem Korrekturlesen gar nicht wahrnehmen. Sie wissen, was dort stehen müsste und lesen dann auch tatsächlich das, was dort stehen sollte – ein typisches Phänomen der selektiven Wahrnehmung. Sie benötigen also dringend (am besten mehrere) Korrekturleser. Entscheiden Sie sich aber für die Richtigen! Engagiertes Korrekturlesen ist harte Arbeit! Höchste Sorgfalt und solide Deutschkenntnisse sind zwingende Voraussetzungen. Aus der Zusammenballung von elf Lahmen wird nämlich auch noch kein gutes Fußballteam. Suchen Sie sich also Korrekturleser, die den Job „mit Herzblut" so erledigen, als wenn es um ihre eigene Arbeit ginge. Ein oberflächliches Überfliegen rein aus Gefälligkeit nützt Ihnen überhaupt nichts!

8. Selbstverständlich können Sie **Tabellen und Grafiken** verwenden. Die Prägnanz und Verständlichkeit Ihrer Darlegungen kann dadurch deutlich gesteigert werden und dem Leser wird eine „optische Auflockerung" geboten. Möglicherweise ergibt sich auch eine deutliche Platzersparnis. Manche Zusammenhänge, die man verbal vielleicht über drei bis vier Seiten beschreiben müsste, lassen sich tabellarisch auf eine Seite verdichten, wenn man dabei eher im Aufzählungsstil arbeitet, eine kleinere Schriftgröße und einen kleineren Zeilenabstand wählt – im Rahmen von Tabellen ist all dies nämlich zulässig, sofern eine hinreichende Lesefreundlichkeit gewahrt bleibt.

Bei Grafiken können Sie durchaus Ihre ganze Kreativität ausspielen. Einige gut gestaltete, selbst entworfene Übersichtsgrafiken werden vom Korrektor sicher wohlwollend zur Kenntnis genommen. Vielleicht ist das der Faktor, der den Ausschlag hin zur besseren Note gibt, wenn der Betreuer zwischen zwei Notenstufen schwankt. Das Auge isst mit …

9. Vergessen Sie auf dem **Titelblatt** bitte nicht die Angabe Ihrer **Matrikelnummer.** Denken Sie auch an die Angabe von **Telefonnummer** und **Email-Adresse**, unter denen Sie kurzfristig erreichbar sind. Der Betreuer muss die Möglichkeit haben, mit Ihnen auf unkompliziertem Weg einen Besprechungstermin für Ihre Arbeit zu vereinbaren. Im Hinblick auf einen möglicherweise noch zu haltenden Seminarvortrag oder eine mündliche Verteidigung der wissenschaftlichen Arbeit liegt es auch in Ihrem Interesse, dass die notwendigen Absprachen möglichst frühzeitig erfolgen können. Und vielleicht teilt Ihnen der Betreuer nach erfolgter Korrektur schon einmal „auf dem kleinen Dienstweg" die Note mit, um Sie nicht unnötig lange auf die Folter zu spannen.

10. Bei der **Abgabe** Ihrer wissenschaftlichen Arbeit müssen Sie **digitale Versionen auf CD-ROM** beifügen. Dies gilt auch für Seminararbeiten! Der Datenträger muss zum einen eine Version in der Originalsoftware enthalten, die Sie zur Anfertigung der Arbeit eingesetzt haben – in aller Regel ist dies Microsoft-Word. Und zum anderen muss das Dokument noch zusätzlich im PDF-Format beigefügt sein. Zweckmäßigerweise kleben Sie die CD in einer speziellen Datenträgerhülle auf die Innenseite der hinteren Einbandseite.

Die Einreichung der digitalen Version soll dem Korrektor u. a. ermöglichen, die Inhalte der Arbeit mit einer Plagiatserkennungs-Software zu überprüfen.

VIII. Betreuung

1. Betreuungsgespräche sind für Sie ein **Angebot, aber keine Pflicht**. Wenn Sie sich absolut sicher fühlen, können Sie natürlich das Thema abholen und dann erst wieder zur Abgabe der Arbeit auftauchen. Empfehlenswert wäre es allerdings, zumindest eine Gliederungsbesprechung durchzuführen. Diese wird im Regelfall sicherstellen, dass Sie sich nicht mit der Themenbearbeitung völlig in die falsche Richtung bewegen.

Es gibt eine wichtige **Ausnahme** von diesem Freiwilligkeitsprinzip. Sollten Sie eine Fragebogenerhebung durchführen, die in irgendeiner Form einen Rückschluss auf die betreuende Hochschule zulässt, dann darf dieser Bogen nur nach Genehmigung durch den Betreuer an die Öffentlichkeit gehen.

2. Die **Gegenstände von Betreuungsgesprächen** können insbesondere sein:

- Diskussion der Gliederung
- Absprachen zur Abgrenzung der Arbeit
- Absprache von Schwerpunktsetzungen
- Diskussion der grundsätzlichen inhaltlichen Vorgehensweise
- Klärung von Zweifelsfragen zur formalen Gestaltung.

3. Zur **Rollenverteilung in den Betreuungsgesprächen** ist zu sagen, dass der Betreuer Ihnen sicherlich gern Hilfestellung gewährt, aber andererseits auch nicht Ihre Arbeit macht. Daher werden sie vielleicht auch einmal die Aussage hören: *„Dazu sage ich nichts. Die Lösung dieses Problems ist Ihre Aufgabe!“* Der Betreuer wird eher die Rolle eines „Advocatus Diaboli“

einnehmen, der Ihre Ansätze, Vorschläge und Aussagen kritisch hinterfragt. Dieser Ansatz hilft Ihnen zu erkennen, wo Ihre Überlegungen vielleicht noch nicht ganz ausgereift sind. Wenn Sie zum Beispiel auf Nachfrage keine überzeugende Begründung für die gewählte Strukturierung liefern können, dann ist das ein eindeutiges Signal für unzureichende Durchdringungstiefe.

Betreuungsgespräche werden nicht immer unbedingt freudvoll für Sie sein, insbesondere dann, wenn vielleicht auch Ihr zweiter Gliederungsentwurf in wesentlichen Teilen „zerpflückt" wird. Aber zu Ihrer Beruhigung: Kritische Anmerkungen zur Gliederung sind eher der Normalfall als der Ausnahmefall. Sie sind also nicht allein. Natürlich ist es im ersten Augenblick „schmerzvoll", wenn eine Gliederung, über der man tagelang gebrütet hat, nicht „abgesegnet" wird. Aber es ist viel schmerzvoller, final eine schlechte Note wegen gravierender Strukturmängel zu erhalten. Insofern wäre es eher unfair, eine suboptimale Gliederung „durchzuwinken" und dann bei der Endkorrektur der Arbeit zu „zerpflücken". Es gilt die bekannte Aussage, dass „gute Medizin manchmal bitter schmeckt".

4. Zur **Vorbereitung auf das Betreuungsgespräch** legen Sie sich bitte einen schriftlichen Fragenkatalog an. Damit ist auch gewährleistet, dass Sie keinen wichtigen Punkt vergessen.

Wenn Sie eine **Gliederungsbesprechung** wünschen, dann muss der Betreuer einige Tage vor dem Termin den Entwurf erhalten, um die Möglichkeit zu haben, sich in die Thematik hineinzudenken. Berücksichtigen Sie, dass Ihre Arbeit für den Betreuer immer eine unter vielen ist. Daher ist auch wichtig, dass Sie der Gliederung nochmals die genaue Themenformulierung voranstellen, denn auch die hat er nicht unbedingt im genauen Wortlaut präsent. Klären Sie bitte mit Ihrem Betreuer im Vorfeld ab, auf welchem Weg er die Übersendung wünscht: Postalisch, per Fax oder per E-Mail. Tragen Sie bei letzterem Weg auch dafür Sorge, dass der Empfänger Ihren Anhang dann auch tatsächlich öffnen kann. Das wird im Regelfall bei Dokumenten der Fall sein, die Sie mit „Microsoft-Word" oder mit „Adobe-Acrobat" erstellt haben.

Gegenstand von Gliederungsbesprechungen können nur **gründlich durchdachte und ausgearbeitete Entwürfe** sein. Sie selbst müssen davon überzeugt sein, dass es sich um einen geeigneten Weg zur Strukturierung des Themas handelt. Eine *„erste grobe Arbeitsgliederung“* (Originalzitat aus einer E-Mail), zu der *„um eine kurze schriftliche Stellungnahme“* (wieder Originalzitat) gebeten wird, ist der untaugliche Versuch, Arbeit auf den Betreuer abzuwälzen.

5. Ein sinnvoller Weg kann auch ein **Betreuungsgespräch per Telefon** sein. Nicht immer ist es nötig, einen persönlichen Termin zu vereinbaren. Manche Fragen lassen sich auch ganz schnell und unkompliziert am Telefon klären. Nutzen Sie diese Möglichkeit! Klären Sie aber bitte vorher mit Ihrem Betreuer, ob ihm dieser Kommunikationsweg recht ist, zu welchen Zeiten und über welche Rufnummer Sie Kontakt aufnehmen können.

Relativ problematisch sind Anfragen per E-Mail. Nach persönlichen Erfahrungen des Verfassers sind viele Fragen nicht präzise genug und machen Rückfragen erforderlich. Und dann ist der Startschuss für einen längeren (und lästigen) elektronischen Briefverkehr gefallen. Außerdem ist es für jeden Betreuer ohne Schreibmaschinenausbildung (und die dürften in der Mehrheit sein) recht mühevoll im „Zwei-Finger-Suchsystem“ längere Stellungnahmen und Erklärungen zu schreiben. Das Telefon ist da vielfach schneller, direkter und unkomplizierter. Klären Sie aber auch bitte diesen Punkt im Vorfeld. Einige Betreuer werden sicherlich auch auf der E-Mail-Kommunikation als einzig wahren und modernen Kommunikationsweg bestehen.

IX. Prokrastinationsvermeidung

Kennen Sie das? Sie hatten sich doch so fest vorgenommen, eine Vorlesung nachzuarbeiten oder sich auf eine Prüfung vorzubereiten. Alles andere haben Sie gemacht, aber die eigentlich geplante und für Sie auch wichtige Aufgabe haben Sie gar nicht oder viel zu spät begonnen. Der Tag ist mit Aufräumen und Putzen der Studentenbude (eigentlich völlig verhasste Arbeiten!), mit weitgehend ziellosem Surfen im Internet und in den sozialen Netzwerken und mit dem Anschauen der Lieblingsserien vorübergegangen. Richtig Spaß hat alles nicht gemacht, denn das schlechte Gewissen war immer dabei. Und am Ende des Tages waren Sie kaputt, unzufrieden und frustriert. Wieder „nichts zur Mitte bekommen“. Der „innere Schweinehund“ mit seiner kleinen Schwester „Aufschieberitis“ war mal wieder stärker. Psychologen sprechen etwas vornehmer von „Handlungsinitiierungsproblemen“ und in den letzten Jahren hat für dieses Phänomen das Schlagwort von der „**Prokrastinationstendenz**“ Einzug gehalten.

Studierende an Hochschulen sind besonders gefährdet. So schön die großen Freiheiten einerseits sind, die junge Menschen während des Studiums genießen, so hoch sind andererseits aber auch die Anforderungen an die Selbstmotivation, Selbststeuerungsfähigkeit und Selbstdisziplin, die von solch „offenen Arbeitssituationen“ ausgehen. Dass nicht alle damit gut klarkommen, davon künden die Zahl von Langzeitstudierenden und auch die Zahl nicht eingereichter, abgemeldeter oder verspätet eingereichter wissenschaftlicher Arbeiten.

Gerade die Erstellung einer wissenschaftlichen Arbeit stellt eine sehr komplexe und offene Handlungssituation dar. Schafft man es nicht, ihr Struktur zu geben, dann sind Prokrastination und am Ende die große Frustration vorprogrammiert. Wenn Sie von sich wissen, dass Sie anfällig für den inneren Schweinehund sind, dann sollten Sie präventiv einige Maßnahmen ergreifen, um das Untier möglichst gut zu bändigen. Es gibt leider nicht die Zauberformel gegen Prokrastination, aber vielleicht helfen Ihnen die nachfolgenden Empfehlungen.

1. Definieren Sie in Ihrem Terminkalender mit möglichst langem Vorlauf schriftlich **feste Zeitfenster** für die Arbeit an Ihrem wissenschaftlichen Werk. Sie machen damit quasi Termine mit sich selbst. Nehmen Sie diese genauso ernst wie alle externen Termine.

2. Versuchen Sie, sich möglichst **regelmäßige Arbeitszeiten** aufzubauen. Die kontinuierliche Beschäftigung mit ihrer wissenschaftlichen Arbeit wird so eher zur Selbstverständlichkeit. Ideal wäre es, wenn Sie die Bearbeitung „am Stück“, also möglichst wenig unterbrochen durch andere Verpflichtungen (Vorlesung, Prüfungsvorbereitung, Nebenjob), vornehmen könnten und sich damit einen Arbeitstag wie ein „normaler Werktätiger“ gestalten könnten. Das Zeitkorsett, das Ihnen von außen keiner vorgibt, müssen Sie sich selbst schaffen.

3. Von zentraler Wichtigkeit ist eine möglichst **detaillierte, schriftliche Rahmenplanung** für die einzelnen Phasen des Bearbeitungsprozesses (siehe dazu Kap. II, Nr. 4). Damit geben Sie sich selbst Ziele, von denen dann ein gewisser „Aufforderungscharakter“ ausgeht.

Untersetzen Sie die einzelnen Phasen mit eindeutigen Terminen! Damit haben Sie das komplexe, schwer handhabbare Letztziel „Fertigstellung einer wissenschaftlichen Arbeit“ in eher übersichtliche, handhabbarere Zwischenziele aufgespalten. Die Aufgabe wirkt dann psychologisch nicht mehr so „erdrückend und übergroß“. Vielmehr können Sie sich von Zwischenziel zu Zwischenziel hangeln und haben mit jedem Erreichen einer Zwischenetappe das Gefühl, voran zu kommen. Daraus kann man neue Motivation ziehen.

4. Stellen Sie für den erarbeiteten Terminplan **Öffentlichkeit** her. Erzählen Sie Ihren Kommilitonen, Freunden, Eltern von Ihren terminlichen Meilensteinen und den geplanten Arbeitsprogrammen. Wenn Sie mögen, dann nutzen Sie auch die sozialen Medien für diese Veröffentlichung. Wenn Ihr soziales Umfeld Ihre Ziele und Zwischenziele kennt, werden diese auch für Sie verbindlicher. Sie schaffen sich so durch diesen kleinen Trick eine höhere Selbstverpflichtung. Alternativ oder zusätzlich können Sie auch feste Besprechungstermine mit Ihrem Betreuer zu bestimmten Inhalten vereinbaren. Damit setzen Sie sich selbst unter „Lieferdruck“.

5. Planen Sie ganz gezielt **kleine Belohnungen** für das Erreichen von Zwischenzielen ein. Das kann ein zusätzlicher freier Tag, ein Kinobesuch, ein langer Spieleabend mit Freunden, der Wellnesstag in der Sauna oder was auch immer sein. Sie wissen selbst am besten, womit Sie sich selbst eine Freude machen können. Tun Sie es. Verbinden Sie auf diese Weise den Arbeitsfortschritt psychologisch mit einem positiv besetzten Ereignis.

6. Verlegen Sie Ihren **Arbeitsplatz** möglichst in die **Bibliothek**. Die Ablenkungspotenziale sind dort in der Regel nicht so hoch. Es steht eben kein Fernsehgerät oder Spiele-PC in Griffweite. Lassen Sie sich von der dort herrschenden Arbeitsatmosphäre „anstecken“. Im Bibliotheksumfeld fällt es häufig leichter, einen disziplinierten und geregelten Arbeitsrhythmus aufzubauen und durchzuhalten. Vielen hilft es, wenn sie morgens wie der

„normale Werktätige" zur Arbeit gehen, Pausen machen und zu einer definierten Zeit den Feierabend einläuten.

7. Aber natürlich lauert auch in der Bibliothek **Ablenkungspotenzial**. Ein nicht zu unterschätzender Verführer ist der **Internetzugang** und das **Smartphone**. Schnell hat man sich von den fachlichen Rechercheseiten mal eben zu den viel spannenderen und lustigeren, aber fachfremden Seiten „hinübergeklickt". Und schon feuern die Neuronen in Ihrem Belohnungszentrum aus allen Rohren und sorgen dafür, dass Sie sich bald schon wieder diesen digitalen Ausflug weg von Ihrer eigentlichen Aufgabe „gönnen werden". Überlegen Sie also mal ganz ehrlich für sich, in welchen Arbeitsphasen Sie den Netzzugriff wirklich brauchen. Warum also nicht den Browser temporär vom Laptop entfernen, die Spiele gleich mit und das Smartphone zu Hause oder im Spind der Bibliothek lassen? Wo keine Ablenkungspotenziale sind, da gibt es auch weniger Ablenkung. Diese Aussage gilt analog für Ihren Heimarbeitsplatz. Vielleicht sollten der Fernseher und andere Verführer ja mal für einige Wochen Urlaub im Keller Ihrer Eltern machen?

8. Sollte sich die Arbeit in der Bibliothek nicht realisieren lassen, dann optimieren Sie Ihren **Heimarbeitsplatz**. Sie müssen sich wohlfühlen und gern dort arbeiten. Räumen Sie auf und schaffen ausreichend große Arbeits- und Ablageflächen für Literatur und notwendige Arbeitsmaterialien. Eine unaufgeräumte Arbeitsumgebung ist immer eine mentale Hürde für den Beginn der Arbeit. Daher sollten Sie auch am Abend als letzte Aktivität auf dem Schreibtisch „klar Schiff machen". Am nächsten Morgen wartet dann ein einladender Arbeitsplatz auf Sie. Sinnvoll kann es auch sein, noch am Abend einige Aktivitäten oder Fragen zu notieren, die man dann gleich am nächsten Arbeitstag angehen möchte. Das erleichtert den Tagesstart.

9. Schließen Sie sich für die Arbeitstage in der Bibliothek mit anderen Kommilitonen, die zeitgleich mit ihrer wissenschaftlichen Arbeit (oder hilfsweise: mit Prüfungsvorbereitungen) beschäftigt sind, zu einer losen **Arbeitsgruppe** zusammen. Sie haben dann morgens einen gemeinsamen Termin. Das hilft beim Aufstehen und beim Start in den Arbeitstag. Und gemeinsame Pausen können durchaus zum Ereignis werden, auf das man sich freut. Es kann psychisch zudem entlastend sein, wenn man sieht, dass man mit seinen Strukturierungs- und Formulierungsproblemen nicht allein ist, sondern andere auch „kämpfen" müssen. Und vielleicht hilft Ihnen der ein oder andere fachliche Austausch mit den Kommilitonen auch bei der Lösung einzelner Probleme, indem Sie eine Außensicht zugespielt bekommen.

10. Versuchen Sie möglichst früh die **ersten Zeilen** zu schreiben. Im Skat gibt es die Weisheit *„Wer schreibt, der bleibt"*. Wenn erst einmal etwas auf dem Papier steht, dann ist die „Bedrohung durch das leere Blatt" psychologisch etwas eingedämmt. Der Samen ist gelegt und Sie kommen dann eher in eine positive Schreibdynamik. Es motiviert einfach, „am Ball zu bleiben", wenn man sieht, dass man schon etwas zu Papier gebracht hat. Grübeln Sie also nicht zu lange über die perfekte Struktur und Formulierung. Schreiben Sie erst einmal etwas und optimieren Sie dann in den nächsten Arbeitsschritten.

11. Nutzen Sie die **Angebote der Hochschule**. Mittlerweile bieten etliche Hochschulen die „Lange Nacht der aufgeschobenen Hausarbeit" an. Unter Betreuung findet man sich zusammen, um den im Wachkoma liegenden Arbeiten wieder neues Leben einzuhauchen. Ein solches Event kann zur Resettaste für Ihr brachliegendes Werk werden.

Angeboten werden mitunter auch „Schreibseminare". Sie sollen Unsicherheiten beseitigen und den Einstieg in die ersten Seiten erleichtern. Solche Kurse machen Sinn, denn mitunter liegt die Ursache von Prokrastination auch in Ängsten. Aufgaben, denen man sich nicht so recht gewachsen fühlt, denen stellt man sich ungern und schiebt sie vor sich her. Falls an der eigenen Hochschule kein Angebot für Schreibseminare existiert, könnten Sie prüfen, ob Sie als Gasthörer an einer anderen Hochschule in der Region an einen solchen Kurs teilnehmen können.

Und schlussendlich sollten Sie bei andauernden Prokrastinationsproblemen auch nicht zögern, die psychosozialen Beratungsdienste des Studentenwerks in Anspruch zu nehmen. Dort bekommen Sie von fachkundigen Psychologen Unterstützung und Beratung. Sie sind garantiert nicht der oder die Einzige, der/die von Prüfungsangst, Schreibblockaden oder Prokrastinationstendenzen geplagt wird. Gehen Sie also im Fall der Fälle das Problem proaktiv an, statt unabsehbar lange Zeit darunter zu leiden. Das kostet unnötig Lebensqualität und Studienerfolg.

12. Ein **Beurteilungsschema für wissenschaftliche Arbeiten** finden Sie zu Ihrer weiteren Orientierung im Anhang 1. Lehrkräfte können es direkt nutzen.

> Nach all den guten Ratschlägen und Hinweisen bleibt mir jetzt nur noch, Ihnen ein gutes Gelingen und auch ein wenig Spaß bei der Anfertigung Ihrer wissenschaftlichen Arbeit zu wünschen. Möge es ein Werk werden, auf das Sie zu Recht stolz sein können!

Teil B: Präsentation der Arbeit

I. Vorbemerkungen

1. **Herzlichen Glückwunsch!** Wenn Sie vor der Aufgabe stehen, die Präsentation Ihrer Arbeit vorbereiten zu dürfen, dann haben Sie den allergrößten Teil der Wegstrecke schon zurückgelegt. Vielleicht ist Ihre Arbeit ein wahres Glanzstück, vielleicht strahlt sie auch nicht ganz so hell, weil doch einige Defizite zu finden waren. Wie auch immer: Jedenfalls haben die Ausführungen den grundsätzlichen Anforderungen entsprochen. Und damit haben Sie sich die Basis erarbeitet, um Ihrem Auditorium tatsächlich auch etwas mitteilen zu können. Sie haben Expertenstatus auf einem Themenfeld und können die vor Ihnen liegende Aufgabe mit breiter Brust und **Selbstbewusstsein** angehen. Die Pflicht ist geschafft, jetzt kommt die Kür. Und die darf und soll allen Beteiligten auch Spaß machen.

2. Die nachfolgenden Ausführungen beziehen sich primär auf die Präsentation einer **wissenschaftlichen Hausarbeit** vor einem **studentischen Auditorium** im Rahmen von Seminarveranstaltungen. Viele der Empfehlungen gelten natürlich analog für eine Vorstellung der Arbeitsergebnisse bei einer Verteidigung Ihrer Bachelor-, Master- oder Diplomarbeit. Allerdings findet diese Präsentation in aller Regel nur vor den Prüfern statt, also einem Auditorium, das im Rahmen dieses Prüfungsaktes möglicherweise auf ausgewählte Aspekte besonderen Wert legt. Dies sollten Sie im Vorfeld mit Ihrem Betreuer abklären.

3. Begreifen Sie Ihre Präsentation auch als **wichtiges Trainingsfeld** für ähnliche Leistungssituationen später im Beruf. Diese werden kommen und vermutlich auch recht häufig. Allein das ist schon ein guter Grund für eine engagierte und akribische Vorbereitung. Natürlich hat die Präsentation auch noch Notenrelevanz. Aber die meisten Hochschullehrer sehen in einem guten Vortrag eher die Chance zur Notenverbesserung oder machen die endgültige Note von der Präsentation abhängig, wenn die Arbeit zwischen zwei Notenstufen angesiedelt ist. Eine deutliche Notenverschlechterung durch einen missglückten Vortrag wird eher die Ausnahme sein. Dies gilt natürlich nicht, wenn ersichtlich ist, dass sich ein Kandidat mit minimalem Vorbereitungsaufwand über die Anforderungslatte mogeln will. Dann fällt auch dem wohlmeinendsten Hochschullehrer der „Gute-Laune-Pegel“ tief in den Keller.

4. Mit der Thematik „Präsentation und Kommunikation“ kann man sich natürlich in fast endloser Breite und Tiefe auseinandersetzen. Bücher gibt es genug, Kurse auch. Der vorliegende Leitfaden beschränkt sich auf einige wichtige Basisempfehlungen und fokussiert dabei insbesondere auf Unzulänglichkeiten und Fehler, die mir persönlich bei studentischen Referaten besonders häufig aufgefallen sind. Wer sich mit Blick auf die spätere Berufstätigkeit noch weiter in das Thema vertiefen möchte, dem sei z. B. die folgende Publikation empfohlen:

THIELE, A.: Präsentieren Sie einfach, Frankfurt/Main 2007 (29,90 Euro)

II. Ziele und Qualitätskriterien

1. Stellen Sie sich vor, Sie schreiben eine gute Arbeit und keiner merkt’s und keiner profitiert davon. Es wäre wirklich jammerschade! Das **Kernziel** Ihrer Präsentation ist die **Erzeugung eines möglichst hohen Lerneffekts bei den Kommilitonen**. Sie halten den Vortrag nicht für den Hochschullehrer! Dieser kennt die Zusammenhänge – spätestens seit er Ihre Arbeit gelesen hat.

2. Das angesprochene Kernziel können Sie nur erreichen, wenn die Präsentation bezüglich Aufbau, Inhalt und Sprachwahl das Merkmal der **Zielgruppenorientierung** aufweist. Damit kein Missverständnis auftritt: Sie halten selbstverständlich einen Vortrag für ein akademisches Publikum auf einem akademischen Niveau. Es ist aber zu berücksichtigen, dass das Auditorium auf einem speziellen Gebiet möglicherweise keine oder nur geringe Vorkenntnisse aufweist.

3. Zielgruppenorientierung ist zwar eine notwendige, aber noch keine hinreichende Bedingung für die Erzeugung eines hohen Lerneffekts. Es muss eine hohe **Präzision in Darstellung und Ausdruck** hinzukommen. Mehrdeutigkeiten und Unschärfen verhindern einen Lernerfolg.

4. Jegliche Zielgruppenorientierung und Präzision hilft aber auch nicht, wenn es nicht gelingt, die Aufmerksamkeit des Auditoriums zu erlangen und dauerhaft zu erhalten. Daher ist eine **aufmerksamkeitsfesselnde Lebendigkeit** der Präsentation unverzichtbar.

5. Für die Zuhörer muss ein **klarer roter Faden** erkennbar sein. Sie müssen nachvollziehen können, wie eine Überlegung auf eine andere aufbaut.

6. Die Präsentation sollte so weit wie möglich in **freier Rede** erfolgen. Das heißt nun nicht, dass Sie Ihren Vortrag komplett auswendig lernen sollen. Selbstverständlich können Sie ein Vortragsmanuskript benutzen. Sie sollen aber nicht an ihm kleben, sondern es immer nur mit einem kurzen Blick als Erinnerungshilfe einsetzen. Ihre Augen gehören dem Publikum und nicht dem Papier. Keinesfalls darf das Auditorium den Eindruck bekommen, dass es eine wissenschaftliche Arbeit vorgelesen bekommt. Wenn Sie sich nicht hinreichend vom Manuskript lösen, dann werden Sie zum einen zu schnell werden, überfordern so die Zuhörer und diese „steigen aus". Und zum anderen wird die Präsentation zu statisch und trocken. Die Zuhörer werden dann aus diesem Grund „die Segel streichen".

7. *„Man darf über alles reden, nur nicht über die Zeit."* So lautet eine alte Rednerweisheit. Achten Sie also auf eine möglichst **exakte Einhaltung der vorgegebenen Präsentationszeit**. Richtig souverän haben Sie diese Anforderung bewältigt, wenn Sie gegen Ende der Präsentation nicht durch den Inhalt galoppieren und die Folien im Zehn-Sekunden-Takt wechseln müssen. Das gegenteilige Problem eines signifikant zu kurzen Vortrags kommt nur äußerst selten vor. Davor schützt den Redner offenbar die „alte Urangst", zu wenig Stoff zu haben.

8. Es muss immer klar sein, wer der „Chef im Ring" ist: Nämlich Sie als Person und Ihr gesprochenes Wort. Präsentationshilfsmittel sollen, wie der Name schon sagt, die Präsentation unterstützen, diese aber keinesfalls überdecken. Betreiben Sie also kein „PowerPoint-Karaoke", indem Sie sich selbst in den Status des „Folienumblätterers" degradieren. Zum Sklaven der Hilfsmittel wird man im Übrigen auch, wenn man sie nicht souverän beherrscht. Ein wichtiges Gütekriterium eines gelungenen Vortrags ist daher ein **angemessener und kompetenter Einsatz von Präsentationsmedien**.

In den folgenden Kapiteln erhalten sie einige Empfehlungen, die Ihnen bei der Erreichung des Kernziels und der Einhaltung der vorgestellten Qualitätskriterien behilflich sein sollen.

III. Vorbereitung

1. Sollten Sie die hohe Kunst der meisterhaften Improvisation in jeder Lebenslage nicht mit der Muttermilch eingesogen haben, dann tun Sie gut daran, folgender **Generalmaxime** zu folgen: **„Überlasse nichts dem Zufall!“** Eine gute Planung ist die Mutter einer guten Präsentation. So wie jeder Skirennläufer und Bobpilot vor dem Start die Piste vor seinem geistigen Auge akribisch abfährt, so sollten Sie auch alle Phasen der Präsentation durchdacht haben. Es schützt vor unangenehmen und nervositätserhöhenden Überraschungen und gibt eine höhere Sicherheit.

2. Stellen Sie im Vorfeld die **Verfügbarkeit und Funktionsfähigkeit aller benötigten Ressourcen** sicher. Hochschulen sind keine Fünf-Sterne-Tagungshotels, bei denen ein Heer dienstbarer Geister im Hintergrund einem Referenten ein „Rundum-Sorglos-Paket“ bietet. Ihre eigene Verantwortlichkeit beginnt mit der Frage, ob der Raum auch tatsächlich frei ist. Ist die Bestuhlung so, wie sie benötigt wird? Sind alle Präsentationshilfsmittel (Tafel, Flipchart, Metaplanausstattung, CD-Player, Beamer, PC/Laptop etc.) vorhanden? Funktionieren sie auch? Können Sie sie auch sicher bedienen? Denken Sie aber auch bitte daran: Alles, was nicht fest im Raum verschraubt ist, könnte gerade am relevanten Präsentationstermin von anderen Personen benötigt werden. Klären Sie das! Eine Erschwernis kommt leider noch dazu: Alles was bei Ihrem Check drei bis vier Tage vorher funktioniert hat, muss es nicht notwendigerweise auch am Vortragstag. Vielleicht hat jemand das letzte Stück Kreide verbraucht, den einzigen Flip-Chart-Stift leer geschrieben oder Sie dürfen nach dem Exitus des Overheadprojektors feststellen, dass jemand nach dem Defekt der Hauptlampe auf die Ersatzlampe umgeschaltet hat, ohne Erstere dann wieder zu ersetzen. Alles nicht sonderlich rücksichtsvoll – aber die Welt ist eben wie sie ist. Daher sollten

Sie vor der Präsentation **mit hinreichendem zeitlichen Vorlauf anwesend sein**, um solch kleine Unzulänglichkeiten noch aus der Welt schaffen zu können. Gut ist dann natürlich auch zu wissen, an wen man sich im Fall der Fälle mit seinem Hilferuf wenden kann.

Um nun keinen falschen Eindruck zu erwecken: Keiner erwartet, dass Sie sich auf alle möglichen Wechselfälle des Lebens vorbereiten. Wenn eine völlig unvorhersehbare Störung auftritt, dann ist eben Improvisationstalent gefragt. Und das Publikum wird dann auch verständnisvoll reagieren. Es darf aber auch zu Recht erwarten, dass Sie gut planbare Rahmenbedingungen im Vorfeld auch tatsächlich akribisch geplant haben. Manchmal gehören dazu auch Fragen, auf die man nicht unbedingt sofort stößt. Haben Sie z. B. beim Raum-Check in den Nachmittagsstunden daran gedacht, dass Ihr Präsentationstermin am Morgen ist und die dann in den Raum scheinende Sonne der Lesbarkeit Ihrer Folien den absoluten Todesstoß versetzen kann?

Und noch ein spezielles Wort zu Präsentationen mit **PowerPoint** oder ähnlichen Programmen: Traue keinem Beamer! Nahezu Legion sind mittlerweile die Vorträge, die zunächst einmal mit der Meldung *„Kein Signal"* und einem sich anschließenden, 20-minütigen Gefummel an Beamer, Laptop und Kabelverbindung begonnen haben. Das Publikum gluckst, der Referent transpiriert...
Nach meiner Erfahrung genügt oftmals schon der Wechsel des Beamers, des Laptops oder mitunter reicht auch schon eine veränderte Anschlussreihenfolge von Peripheriegeräten, um einen unbefristeten Warnstreik der Technik zu provozieren. Lapidarer Kommentar eines technischen Mitarbeiters: *„Es ist eben Elektronik!"*. Ich möchte Ihnen nun mitnichten den Einsatz dieser Technik ausreden. Ganz im Gegenteil! Sie bietet – richtig eingesetzt – exzellente Möglichkeiten zur Vortragsunterstützung und ist „State of the Art". Das fehlerfreie Zusammenspiel der Geräte müssen Sie im Vorfeld aber dringend testen. Verlassen Sie sich nicht auf die Aussage, dass im Vortragsraum *„ein Beamer ist, der ohne Probleme funktioniert"*.

3. Sie benötigen ein **speziell erstelltes Vortragsmanuskript**. Kopien von Teilen der wissenschaftlichen Arbeit taugen dafür nur sehr bedingt. Zu groß wäre die Gefahr, dass Sie zu stark „am Manuskript kleben" und sich zu wenig von den schriftlichen Formulierungen lösen. Es gilt die alte Rednerweisheit: *„Eine gute Schreibe ist noch lange keine gute Rede."*

Sparen Sie beim Vortragsmanuskript nicht an Papier. Schreiben Sie groß, halten Sie hinreichenden Abstand zwischen den Stichworten und benutzen Sie einen Stift mit kräftiger Farbe. Die Aufzeichnungen sollen nämlich auch aus einiger Entfernung und mit einem kurzen Blick aufs Manuskript gut zu erfassen sein. Ihr Blick gehört dann wieder dem Auditorium. Zusammengekniffene Augen und gebeugter Rücken zur Entzifferung der eigenen Aufzeichnungen wirken wenig souverän.

Ob Karteikarten oder DIN-A4-Papier ist letztlich eine Frage der individuellen Vorliebe. Karteikarten können Sie eher in der Hand behalten und Sie sind dann mitsamt Manuskript im ganzen Raum beweglich. Größere Papierseiten sollten Sie dagegen keinesfalls die gesamte Zeit in den Händen halten. Sie gehören auf den Tisch vor Ihnen. Bewegen Sie sich dann phasenweise „papierlos" durch den Raum, dann macht das zweifellos einen souveränen Eindruck.

Um einen weitgehend freien Vortrag zu ermöglichen, sollte das Vortragsmanuskript nur die Struktur des Vortrags mit den zentralen Schlüsselwörtern beinhalten. Vertrauen Sie einfach auf Ihr Gedächtnis. Nach der Erstellung der wissenschaftlichen Arbeit und einer guten Vortragsvorbereitung haben Sie alle Einzelaspekte hinreichend tief verinnerlicht. Vielleicht trauen Sie sich ja auch gänzlich ohne Manuskript ans Rednerpult. Die Stichworte auf den Präsentationsfolien können auch ausreichend sein. Der Respekt des Auditoriums wäre Ihnen gewiss.

4. Der Vortrag ist **keine 1:1-Abbildung der wissenschaftlichen Arbeit**. Versuchen Sie also nicht zwanghaft, alle Themenfacetten und alle Einzelinformationen aus der Arbeit in die Präsentation zu pressen. Es gilt, ein gesundes Augenmaß für die Informationsverarbeitungskapazität des Auditoriums zu bewahren. „*Weniger ist manchmal mehr*", wenn man das Kernziel eines hohen Lerneffekts für die anderen Studierenden erreichen möchte. Außerdem gibt es ja noch die Möglichkeit, Fragen zu stellen. Und in der Diskussion können Sie dann ebenfalls noch „Informationen nachladen".

5. Suchen Sie im Vorfeld auf alle Fälle den **Kontakt zum Betreuer**, um mit diesem abzustimmen, welche Themenfacetten von Ihnen besonders ausführlich behandelt werden bzw. auch zusätzlich aufgenommen werden sollen.

6. Mindestens einmal sollte eine **Probe des Vortrags** unter weitgehenden Echtbedingungen stattgefunden haben. Bitten Sie dazu einige Freunde und Bekannte, die Rolle des Auditoriums einzunehmen. Idealerweise sollten die Zuhörer den Inhalt Ihrer wissenschaftlichen Arbeit nicht kennen. Sie erhalten dann auch sofort ein realistisches Feedback im Hinblick auf Verständlichkeit, Logik und Präzision der Ausführungen. Erbitten Sie auch ein Feedback zu Körpersprache und (negativ) auffälligen Formulierungsangewohnheiten.

In Abhängigkeit von Ihrem persönlichen Sicherheitsbedürfnis werden Sie den Vortrag dann wohl auch noch ein- oder zweimal für sich allein proben.

7. Die empfohlenen Probeläufe sollten einen **realistischen Zeittest** beinhalten. Deshalb gehört ein strikter Blick auf die Uhr mit dazu. Trotzdem werden Sie dann „im Echtbetrieb“ mit größter Wahrscheinlichkeit eine längere Zeit benötigen als in den Probeläufen. Man unterschätzt sehr leicht den addierten Zeitbedarf für die Handhabung der Medien (z. B. Heraussuchen und Auflegen von Folien, Scharfstellung von Projektoren, Rückversicherungen im Auditorium zur Lesbarkeit). Zudem wird man Sie vielleicht bitten, einen Zusammenhang zu wiederholen oder anders zu erläutern, mal gibt es eine Zwischenfrage, mal werden Sie vielleicht auf eine Zwischenbemerkung eingehen wollen. Und ganz sicher wird Ihnen während des Vortrags ganz spontan der ein oder andere Aspekt zusätzlich einfallen, den Sie dann zum Besten geben. Daher lautet meine Empfehlung, die Präsentation eher auf 80%–90% der zur Verfügung stehenden Zeit hin zu konzipieren.

8. Das Thema **Nervosität und Lampenfieber** wurde ganz bewusst in diesem Kapitel platziert, da eine solide Vorbereitung ein zentraler Baustein zum Abbau von Nervosität ist. Die Gewissheit, den Vortragsablauf sorgfältig durchdacht zu haben, schafft eine gewisse Sicherheit und innere Ruhe. Trotzdem werden Sie in aller Regel noch etwas Lampenfieber verspüren. Das ist völlig normal und auch gut so! Ihr Organismus ist aktiviert und das gibt Ihnen den nötigen Energieschub, um über eine längere Distanz hochkonzentriert und leistungsfähig zu sein. Und Sie werden sehen: Nach den ersten Sätzen fühlen Sie sich „auf der Bühne" heimisch und das unangenehme Gefühl verfliegt relativ schnell.

Unschön wäre es natürlich, wenn die Nervosität ein solches Ausmaß annimmt, dass Sie in Ihrer Leistungsfähigkeit behindert werden. Sie messen dann vermutlich der Präsentation eine viel zu hohe Bedeutung bei. Versuchen Sie dieses Ereignis kognitiv wieder auf das rechte Maß zurückzustutzen. Natürlich wollen und sollen Sie diese Aufgabe möglichst gut erledigen. Aber: Weder geht es um Leben und Tod, noch um Ihre Gesundheit, noch nicht einmal um Ihr Geld. Die Mauern der Hochschulen haben schon Millionen von guten und Millionen von mäßigen Vorträgen gesehen. Und selbst, wenn Ihnen Teile der Präsentation missglücken sollten: Mit dem Untergang des Abendlandes hat das nichts zu tun. Oder wie sich ein bekannter Fußballtrainer nach Niederlagen auszudrücken pflegte: *„Läbbe gehd weidda."*
Noch kurz einige Tipps, wie man Nervosität und Lampenfieber besser in den Griff bekommen kann:

- Einige Minuten vor Präsentationsbeginn in einem ruhigen Eck im Sitzen eine muskulär entspannte Körperhaltung einnehmen und ein bis zwei Minuten lang ganz gezielt tief ausatmen und einige Sekunden diesen Zustand halten; dies beruhigt den Atemrhythmus.
- Vor der Präsentation in informellen Gesprächen Kontakt zu einigen Zuhörern aufnehmen; Sie „sprechen sich warm", werden von den unangenehmen Gefühlen abgelenkt und das Auditorium wird für Sie persönlicher.
- Die ersten zehn Sätze der Präsentation auswendig lernen und frei vortragen; das gibt Sicherheit.
- Einen Becher Wasser mitnehmen, um den trockenen Hals und die belegte Stimme bekämpfen zu können; bewusstes Schlucken beseitigt das Phänomen in aller Regel.
- Gezielt Sprechpausen einlegen und ganz bewusst <u>aus</u>atmen; dies beruhigt den Atemrhythmus. Viele tendieren unter Nervosität dazu, zu schnell und vor allem ohne hinreichende Pausen zu sprechen. Die kurzen Unterbrechungen reichen gerade mal für den hektischen Versuch

des Einatmens. Das aber funktioniert nicht, weil die Lunge noch voll ist. Es stellt sich das Gefühl der Atemnot ein, das dann wieder (fehlerhaft) durch neuerliches Einatmen bekämpft werden soll. Kurzatmigkeit unter Nervosität hat also ihre Ursache oft nicht in zu wenig Luft, sondern in zu viel Luft aufgrund unzureichenden Ausatmens.

IV. Vortragsstil

1. Stellen Sie **akustische Verständlichkeit** sicher. Sprechen Sie dazu hinreichend **langsam**, **laut** und **deutlich**. Auch in den hinteren Reihen müssen Sie gut zu verstehen sein. Sprechen Sie **nicht zur Tafel oder zur Projektionsfläche hingewandt**. Sollte Ihre Stimmgewalt nicht ausgeprägt genug sein, um auch einen größeren Raum mit schlechterer Akustik zu beschallen, dann sollten Sie sich eine Lautsprecheranlage organisieren. Stellen Sie im Zweifelsfall durch Rückfrage beim Auditorium fest, ob Sie akustisch „gut ankommen".

2. Stellen Sie **inhaltliche Verständlichkeit** sicher. Dies erfordert, dass Sie Ihre Kommilitonen inhaltlich „dort abholen", wo sie stehen. Bei einer spezialisierten Themenstellung ist das im Zweifelsfall bei einer Vorkenntnis von Null. Nehmen Sie das Auditorium dann **Schritt für Schritt** in die Breite und Tiefe des Themas mit. Es sollte immer Klarheit herrschen, welche Themenfacetten schon abgearbeitet sind, welche gerade im Mittelpunkt der Betrachtung stehen, welche noch kommen und wie die einzelnen Facetten miteinander in Beziehung stehen. Hilfreich dafür ist die **Visualisierung der Gliederung**, auf die man dann immer wieder zurückgreift. **Rhetorische Fragen** eignen sich sehr gut zur Einleitung eines neuen Problemkreises (z. B. *„Welche Nachteile sind nun mit diesem Ansatz verbunden?"*). Sie verdeutlichen den Zuhörern, worum es gerade geht und geben jedem eine neue Einstiegschance, der – aus welchen Gründen auch immer – temporär ausgestiegen ist.

Nach jedem großen Abschnitt sollten Sie eine **Rückversicherung zum Verständnis** einholen. *(„Gibt es noch Fragen oder Diskussionsbedarf?")*. Besonders komplexe bzw. wichtige oder zentrale Zusammenhänge vertragen auch einmal eine kompakte **Wiederholung**.

Auch im Sinne der inhaltlichen Verständlichkeit ist ein **hinreichend langsames Sprechtempo** wichtig. Überfordern Sie Ihre Zuhörer nicht! Diese hören Begriffe und Zusammenhänge vielleicht zum ersten Mal. Die gedankliche Verarbeitung benötigt Zeit. Diese gewähren Sie auch, indem Sie die eine oder andere **Sprechpause** einlegen. Es kann durchaus immer wieder einmal für einige Sekunden Stille entstehen. Das Gehörte kann sich dann besser setzen und es entsteht Freiraum, um Mitschriften ergänzen zu können. Das Auditorium wird es begrüßen. „Ohne Punkt und Komma" zu reden ist für den Nachweis der Themenbeherrschung nicht notwendig.
Ein unverzichtbares Mittel zur Steigerung der Verständlichkeit sind **Beispiele**. Sie machen abstrakte Zusammenhänge konkret und bringen sie näher an die Lebenswirklichkeit der Zuhörer. Wer als Referent ein treffendes und nachvollziehbares Beispiel vortragen kann, der liefert im Übrigen den Nachweis, dass er selbst das Thema durchdrungen hat und Kompliziertheit in Einfachheit übersetzen kann.

3. Natürlich sollen Sie sich einer möglichst **guten und flüssigen Rhetorik** befleißigen. Dazu ist es aber nicht nötig, dass Sie völlig druckreif reden. Mitunter wirken zu perfekte Sätze auch auswendig gelernt und wenig lebendig. Ein freier Vortrag verträgt – sofern es nicht allzu häufig vorkommt – die ein oder andere grammatikalische Unzulänglichkeit oder Wiederholung. Auch kleinere Versprecher kommen immer wieder einmal vor und werden vom Auditorium entweder gar nicht richtig wahrgenommen oder umgehend verziehen. Die Kreditlinie des Referenten ist gar nicht so knapp bemessen. Wenn Ihnen einmal ein sprachlicher Lapsus unterläuft, dann korrigieren Sie ihn ganz unaufgeregt oder beginnen einen Satz schlicht noch mal von vorn. Keinesfalls sollten Sie selbst davon großes Aufheben machen, indem Sie den Fehler kommentieren, einen völlig zerknirschten Gesichtsausdruck aufsetzen und die Hand vor den Mund schlagen *(„uups", „Mist", „das ist ja jetzt schiefgelaufen", „ich fang noch mal an")*. Dann haben Sie nämlich garantiert auch den letzten Schläfer in der hintersten Reihe auf den Fehler aufmerksam gemacht.

Analysieren Sie einmal selbstkritisch Ihren Sprachgebrauch auf **floskelhafte Wiederholungen und Füllwörter**. Bemühen Sie sich, diese so weit wie möglich zu unterdrücken. Denn sie wirken für Zuhörer recht störend, wenn sie erst einmal bemerkt wurden. Typische Beispiele wären das zu häufige

Einflechten von *„zum Beispiel"*, von *„also"* oder von *„wie gesagt"* (obwohl es gar nicht gesagt wurde) oder der permanente Satzbeginn mit *„ich denke"* oder *„meiner Meinung nach"*.
Ebenfalls störend sind häufige sogenannte paralinguistische Äußerungen *(„hm", „äh")* oder permanentes Räuspern. Gute Freunde sagen Ihnen auf Nachfrage bestimmt einmal etwas dazu.

4. Halten Sie **Blickkontakt** zum Auditorium. Fixieren Sie sich nicht nur auf Ihre Medien und das Manuskript, suchen Sie nicht mit den Augen die Raumecken nach Spinnweben ab oder mustern mit Ausführlichkeit Ihre Stiefelspitzen. Jeder im Raum muss das Gefühl haben, von Ihnen angesprochen zu werden. Dazu ist es wichtig, den Blick in regelmäßigen Abständen in alle Bereiche des Raums zu richten. Viele tendieren dazu, sich bevorzugt immer nur einer Seite zuzuwenden. Die andere fühlt sich dann zwangsläufig vernachlässigt. Natürlich können Sie nicht permanent allen dreißig Zuhörern einen Blick in Ihre Augen gönnen. Es gibt dazu die alte Empfehlung für Redner, sich in allen Raumbereichen eine Person zu suchen, die einem sympathisch ist und dann den Blick zwischen diesen Personen als Ankerpunkte schweifen zu lassen. Keinesfalls sollten Sie bei Ihrer Präsentation immer nur den Dozenten ansprechen und anschauen. Der hat keinerlei Sonderstatus und bekommt die gleiche Behandlung wie alle anderen auch.

5. Sorgen Sie für **Lebendigkeit** bei der Präsentation. Dabei hilft ein angemessener Einsatz von **Mimik, Gestik und Bewegung im Raum**. Sie müssen nicht wie festgenagelt an einer Stelle verharren. Insbesondere durch Bewegung „zwingen" Sie das Auditorium Ihnen zu folgen; zumindest mit den Augen – aber das ist dann schon einmal eine gute Voraussetzung für das geistige Folgen.

Die Vortragsinhalte können durch körpersprachliche Mittel wirkungsvoll verstärkt werden. Die Aufmerksamkeit des Auditoriums bleibt erhalten. Die gleiche Wirkung kann mit **Betonungen** erzielt werden. Agieren Sie also nicht zu statisch und reden Sie nicht zu gleichförmig. Übertreiben sollte man aber auch nicht. Weder geben Sie den „Sterbenden Schwan" noch deklamieren Sie ein Gedicht.

V. Präsentationshilfsmittel

1. In einem weiten **Begriffsverständnis** sollen hier unter „Präsentationshilfsmitteln" insbesondere die folgenden verstanden werden:

- Tafel*
- Whiteboard*
- Flipchart*
- Overheadfolien/Overheadprojektor*/Visualizer
- Präsentationssoftware (z. B. PowerPoint)*
- Videos/DVDs
- Software- und Internet-Einspielungen
- Audio-Tonträger
- Metaplanmaterialien
- Handouts*
- Teilnehmereinbeziehung durch Gesprächsinteraktionen
- Gruppendiskussionen
- Rollenspiele
- Szenische, theatralische Darstellungen

Die „klassischen" Unterstützungsinstrumente sind mit einem * gekennzeichnet. Sie werden in aller Regel an der Hochschule auch vorhanden und zugänglich sein.
Ganz bewusst sind aber auch Ansätze aufgeführt, die man sonst eher den Moderations- oder Lehrmethoden zurechnet. Selbstverständlich können Sie auch diese zur Unterstützung der Präsentation verwenden. Ihrer künstlerischen Freiheit sind (fast) keine Grenzen gesetzt. Haben Sie ruhig den Mut zu Kreativität! Persönlich erinnere ich mich gern an eine Präsentation zur Thematik „Alkohol im Betrieb", die von zwei Studentinnen mit einer kurzen Theaterszene angereichert wurde, in der die Wirkung von Alkohol kontrovers diskutiert wurde. Die Aufmerksamkeit des Auditoriums war maximal.

Achten Sie bei aller „künstlerischen Freiheit" aber bitte streng darauf, dass der Einsatz ausgefallenerer Methoden nicht zum Selbstzweck wird, das Ganze nicht in Klamauk abdriftet und der Präsentation die wissenschaftliche Seriosität nimmt. Medienkreativität ist immer dann gerechtfertigt, wenn sie der Erreichung des Kernziels dient – und das ist die Informationsübermittlung.

2. Basisanforderung ist, dass Sie zur **Visualisierung** der präsentierten Informationen mindestens eines der oben angeführten „klassischen" Hilfsmittel einsetzen. Es ist unbestritten, dass die kombinierte Ansprache der zwei Aufnahmekanäle „Ohr" und „Auge" zu höherer Aufmerksamkeit, besserem Verständnis und einer höheren Behaltensleistung führt.

3. Die geschilderten positiven Effekte werden durch den Einsatz eines **Methodenmix** noch zu steigern sein. Die Mischung unterschiedlicher Präsentationshilfsmittel verleiht dem Vortrag Lebendigkeit und Dynamik. Für die Zuhörer bleibt durch einen häufigeren Medienwechsel immer eine gewisse Grundspannung erhalten. Übertreiben Sie aber bitte nicht und gleiten Sie auch nicht ins Zwanghafte ab, jedes Hilfsmittel mindestens einmal eingesetzt haben zu müssen. „Zu viel des Guten" führt eher zu Verwirrung des Auditoriums und lenkt zu stark von den Inhalten ab. Und Sie selbst verheddern sich möglicherweise auch noch in Ihrem Mediengestrüpp. Denn das Management der Präsentationshilfsmittel bindet zweifellos Aufmerksamkeit.

4. Für eine eingeschränkte **Lesbarkeit** der präsentierten Inhalte liegt die Toleranzschwelle exakt bei Null. Folien, Tafel- oder Flipchartbilder, die nicht jeder halbwegs Normalsichtige im Saal ohne große Mühe entziffern kann, haben keinerlei Wert. Sie sind vielmehr ein Ärgernis, weil eine Missachtung der Bedürfnisse der Zuhörer.

Achten Sie also bitte zum einen auf eine **leserliche Handschrift**. Wenn Sie das auch mit der größten Willensanstrengung nicht sicherstellen können, dann verschonen Sie das Auditorium von allen handschriftlichen Ansätzen und bemühen lieber Computertastatur und Kopierer.
Zum anderen ist eine **ausreichende Schriftgröße** unabdingbar. Speziell für Foliengestaltungen am PC gilt, dass für kleinere Seminarräume eine 16er-Schriftenteilung das absolute Minimum darstellt. Präsentieren Sie in einem großen Hörsaal, dann werden Sie mindestens eine 36er-Schriftenteilung wählen müssen, damit auch die letzte Reihe einen ungetrübten Foliengenuss hat.

Vor dem Hintergrund guter Lesbarkeit sind im Übrigen auch **kontraststarke Folien** erforderlich. Viele Zeitschriften hinterlegen ihre Grafiken mit dunkleren, aber wenig unterschiedlichen Farben, um die Kopierbarkeit zu erschweren. Und es funktioniert. Kopien der durchaus schicken Originale sehen dann garstig aus und sind kaum zu lesen. Das können Sie Ihren Zuhörern nicht zumuten! Keine Kompromisse – neu schreiben!

Bei handschriftlichen Folien bewähren sich am besten die Farben schwarz, rot, blau, braun und violett. Die anderen sind eher problematisch. Bei der Verwendung von PowerPoint sollten Sie bei der Wahl der Hintergrundfarbe und des Hintergrundeffekts sehr vorsichtig sein. Nicht alles, was auf dem PC-Bildschirm sehr gut aussieht, bewährt sich dann auch bei einer Projektion über den Beamer, insbesondere, wenn dieser eine begrenzte Lichtstärke aufweist. Vermeiden Sie tendenziell dunklere Hintergründe, besonders in Verbindung mit schattierten Verlaufsformen. Schrift ist dann oftmals kaum noch zu lesen. Auf der sicheren Seite sind Sie mit einfarbigen, hellen Pastelltönen.

5. Das Auge isst bekanntlich mit. Eine gewisse **Ästhetik** ist von allen eingesetzten Präsentationshilfsmitteln zu erwarten. Das erfordert bei Handouts eine gute Kopierqualität. Tafel-, Flipchart- und handschriftliche Folienbilder müssen hinsichtlich Aufbau und Raumaufteilung vorher durchdacht worden sein und sollten nicht während des Vortrags aus einer Augenblickseingebung heraus „aufs Papier geworfen" werden.

Farben, maßvoll eingesetzt, sind sicherlich ein wichtiges ästhetisches Element. Zudem erhöhen Sie die Aufmerksamkeit und können einer Abbildung in den Augen der Betrachter zusätzliche Struktur verleihen. Zu viel davon jedoch irritiert das Auge und erschwert die Übersichtlichkeit.

6. Noch einige zusätzliche Anmerkungen speziell zu **Präsentationsfolien:** Neben der bereits angesprochenen **hinreichenden Schriftgröße** ist darauf zu achten, die Folien keinesfalls mit Inhalt zu überladen. Beschränken Sie sich auf **relativ wenige Stichworte**, die vom Auge schnell erfasst werden können. Nur dann wirkt das Medium als Unterstützung für Ihr gesprochenes Wort. Wenn Sie das Auditorium zu stark mit dem Lesen der Folie beschäftigen, dann wird dessen Aufmerksamkeit von Ihren Ausführungen abgezogen und Sie haben sich eher „eine Konkurrenz im eigenen Hause“ geschaffen. Nur im seltenen Ausnahmefall sollten daher ganze Sätze auf die Folie. Zu rechtfertigen wäre dies etwa, wenn Sie eine Definition oder ein besonders „knackiges“ Zitat vorstellen möchten. Eher knapp bemessener Folieninhalt bringt Sie auch gar nicht erst in die Versuchung via „PowerPoint-Karaoke“ den Vortrag „von der Folie abzulesen“.

Sorgen Sie für eine **Aufmerksamkeitsfokussierung des Auditoriums** auf den gerade relevanten Teil der Folie. Das können Sie sehr gut erreichen, indem die Inhalte sukzessive aufgedeckt werden. Ich persönlich teile überhaupt nicht die Kritik, die mitunter an dieser Vorgehensweise geübt wird, nämlich dass sie eine „Bevormundung des Zuhörers“ darstellen würde. Im Gegenteil: Es ist eine Hilfe für ihn. Eine andere hilfreiche Alternative wäre das Auflegen eines Stiftes auf den relevanten Folienteil. Legen Sie den Stift aber auch wirklich ab. Ansonsten könnte, falls vorhanden, ein Zittern der Hände publikumswirksam in den Raum hinein vergrößert werden. Keinesfalls sollten Sie der Unart verfallen, statt eines Zeigeinstrumentes Ihre Finger auf die Folie zu legen. Handfeuchtigkeit wird nämlich auch spektakulär vergrößert – und verwischt möglicherweise die mit dem Folienstift geschriebenen Passagen.

Zur Aufmerksamkeitsfokussierung gehört auch eine **Refokussierung auf die Person**, sobald ein Präsentationsmedium nicht mehr benötigt wird. Gerade bei der Verwendung des Overheadprojektors erlebt man immer wieder, dass der Referent längst bei einer neuen Themenfacette ist, im Hintergrund aber das Gerät immer noch leuchtet oder gar eine schon längst abgearbeitete Abbildung auf der Projektionsfläche prangt. Also: Rechtzeitiges Ausschalten nicht vergessen!

Hinsichtlich der **Folienanzahl** ist Beschränkung wichtig. Veranstalten Sie keinesfalls eine Diashow. Denn sonst ist das Auditorium nur noch auf das Medium fixiert. Dies aber auch nur recht begrenzte Zeit, da dann Langeweile und Ermüdung einsetzt. Eine Faustformel besagt, dass man je Folie mindestens fünf Minuten sprechen sollte. Gänzlich unerläuterte Folien darf es keinesfalls geben.

Es ist natürlich auch möglich, eine **handschriftliche Folie** erst im Rahmen der Präsentation zu **entwickeln**. Gerade bei schwierigeren Zusammenhängen kann sich eine reduzierte Vermittlungsgeschwindigkeit anbieten. Das Auditorium kann leichter folgen und mitschreiben. Eventuell setzen Sie diese Technik auch „nur" ein, um Abwechslung in den Medieneinsatz zu bringen. Klar ist aber, dass es sich um ein zeitintensives Vorgehen handelt. Wägen Sie also ab.

7. Und hier noch einige Überlegungen zur **Verwendung von Präsentationssoftware**: *„Hat er PowerPoint oder hat er etwas zu sagen?"* So lautet ein etwas zynisches Bonmot aus der Unternehmenspraxis. Und in der Tat ist die Gefahr nicht von der Hand zu weisen, dass sich Referenten primär nur noch um ein perfektes Folienlayout kümmern und dabei die Inhalte eher zweitrangig werden.

Aber zunächst zum Positiven: Präsentationsprogramme – und in aller Regel wird das wohl PowerPoint sein – bieten eine ganze Menge Vorzüge bei der wirkungsvollen Unterstützung von Vorträgen. Um nur einige zu nennen: Grafiken wirken sehr professionell, auf sehr einfachem und auch billigem Weg entstehen farbige Abbildungen, Änderungen/Erweiterungen der Präsentation sind unkompliziert möglich, Abbildungen können unter didaktischen Aspekten schrittweise aufgebaut werden, der fallweise Einsatz von Ton- oder Videoelementen kann Überraschungen produzieren und so für Aufmerksamkeitseffekte sorgen, ein eventuell notwendiges Springen zwischen einzelnen Abbildungen und Tabellen ist schnell und komfortabel möglich. All das unterstützt im Grundsatz die Forderung nach Aufmerksamkeitsfokussierung, Ästhetik, Dynamik und Lebendigkeit des Vortrags.

Widerstehen Sie aber bitte der Versuchung, möglichst alle „PowerPoint-Features" in ihre Präsentation packen zu wollen. Wenn die Abbildungen vor Farben nur so strotzen, sich ständig etwas bewegt und es bei jedem Folienübergang kracht, zischt, bimmelt und explodiert, dann schleift sich der Effekt schnell ab, verliert seinen Überraschungscharakter und ermüdet die Zuhörer. Außerdem rutschen Sie dann sehr schnell von der Ebene der wissenschaftlich-seriösen Präsentation auf die Ebene der Zeichentrickfilme. Nicht, dass ich etwas gegen letztere hätte – aber alles hat seine Zeit. Nicht zu unterschätzen ist auch die Gefahr, dass Sie bei der Vorbereitung endlos viel Zeit mit der Optimierung jeder einzelnen Folie „versenken". Bis alle Farbkombinationen durchprobiert, die alternativen Hintergrundgestaltungen ausgelotet und alle Animationsschemata und Klingeltöne ausgetestet sind, kann so manche Stunde vergehen. Wenn Sie die Zeit haben, dann lassen Sie sich nicht aufhalten. Umwege erhöhen ja bekanntlich die Ortskenntnis. Und es kann durchaus sinnvoll sein, den eigenen Präsentationstermin als Anreiz zu einer tiefgründigeren Einarbeitung in die Software zu nutzen. Prüfen Sie aber selbstkritisch, ob Sie die Zeit tatsächlich haben oder sie sich nicht zu Lasten der inhaltlichen Darstellung nehmen.

8. Ein **Beurteilungsschema für Vorträge** finden Sie zu Ihrer weiteren Orientierung im Anhang 2. Lehrkräfte können es direkt nutzen.

So, jetzt müssten Sie für einen gelungenen Vortrag bestens präpariert sein. Ich wünsche Ihnen viel Erfolg! Freuen Sie sich auf Ihren Auftritt. Das Agieren auf der Bühne kann auch richtig Spaß machen!

Teil C: Fragebogenuntersuchungen

I. Vorbemerkungen

1. **Wer nicht fragt, bleibt dumm!** So lautet das schöne Motto der Kindersendung „Sesamstraße". Für wissenschaftliche Arbeiten gilt es nur mit Abstrichen. Denn schließlich können Sie die wissenschaftlichen Fragen, die sich bei Ihrer Arbeit ergeben, auch an die vielen **Sekundärquellen** stellen, die sich in der Bibliothek und im Internet finden. Mit hoher Wahrscheinlichkeit hat schon vorher jemand zu Ihrem Themengebiet Überlegungen angestellt, Modelle entwickelt oder empirische Untersuchungen durchgeführt. All das können und sollen Sie zum Nutzen Ihrer Arbeit „ausbeuten". Aber es hat natürlich einen eigenen Reiz, selbst zu einer **Primärquelle** zu werden, indem man eigene empirische Daten erhebt. Mitunter rundet ein empirischer Teil Ihre Arbeit überzeugend ab, zeigt besondere Eigeninitiative und Engagement und bietet mit Blick auf die Endnote zusätzliche Profilierungschancen – wenn die Untersuchung „gut gemacht" ist.

Manchmal wird ein Betreuer Ihnen ein gewünschtes Thema auch erst geben, wenn neben einem Theorieteil zusätzlich ein empirischer Teil geliefert wird. Das wird immer dann der Fall sein, wenn ein Themengebiet „zu schmal" oder theoretisch nicht anspruchsvoll genug ist. Erst in Verbindung von Theorie und selbst erhobenen empirischen Daten wird das Gesamtwerk auf das erforderliche Anspruchsniveau einer Bachelor-/Masterarbeit gehoben. Bei anderen Themen werden Sie in Sekundärquellen gar nicht fündig werden können. Dies gilt z. B. für Fragestellungen, die sich ganz konkret auf die Rahmenbedingungen einer bestimmten Organisation beziehen. Dann ist die Erhebung eigener Primärdaten zwingend notwendig.

2. Ehe Sie sich für die Durchführung einer empirischen Fragebogenstudie entscheiden, durchdenken Sie bitte gründlich **Zeitaspekte** und **Kostenaspekte**. In den meisten Fällen führen empirische Ansätze zu einer Verlängerung der Bearbeitungszeit für Ihre wissenschaftliche Arbeit. Allein für die Rücklaufzeit werden Sie in der Regel eine Zeit zwischen zwei und vier Wochen einplanen müssen. Können Sie diese Wartezeit mit anderen Tätigkeiten für Ihr Werk sinnvoll füllen oder sind Sie „zum passiven Warten verdammt“, weil ohne die Rückläufe der nächste Arbeitsschritt nicht möglich ist?

Fragen Sie sich unter zeitlichen Aspekten auch, ob der Bearbeitungszeitraum für Ihre wissenschaftliche Arbeit mit dem Lebens-/Arbeitsrhythmus der Zielgruppe harmoniert, die Sie befragen möchten. In und um die Urlaubszeit, zum Jahresende oder am Jahresanfang werden Sie zum Beispiel bei einer Befragung in einem Unternehmen kaum einen befriedigenden Rücklauf erzielen können. Die Mitarbeiter sind entweder gar nicht da, oder andere Aufgaben (z. B. Jahresabschluss, Inventur, Planungsrunden) sind so prioritär, dass keiner „einen Kopf“ für das Ausfüllen von Fragebögen hat. Prüfen Sie also mit Blick auf Ihre Zielgruppe sehr kritisch, ob der Befragungszeitraum „Sinn macht“. Sonst gilt – neben Ihrer Frustration – der Satz *„Außer Spesen nichts gewesen ...“*.

Das führt dann auch zum Kostenaspekt. Druck und Versand von Papierfragebögen führen zu erheblichen Kosten, insbesondere, wenn die Untersuchung großzahlig angelegt wird. Vielleicht sollen sogar noch Freiumschläge für die Rücksendung der Bögen beigelegt werden. Kalkulieren Sie die Kosten im Vorfeld genau! Können und wollen Sie diese allein tragen? Haben Sie Sponsoren? Trägt die Hochschule zumindest Teile dieser Kosten? Wie sieht der Beantragungs-/Abrechnungsweg aus? Sie können sich viel Enttäuschung und Ärger sparen, wenn Sie solche Fragen im Vorfeld (!) mit dem betreuenden Hochschullehrer eindeutig besprechen.

Ein Großteil der Kosten fällt natürlich weg, wenn die Befragung online durchgeführt wird. Dafür gibt es auch gänzlich kostenfreie Tools oder Programme zu „überschaubaren“ Preisen im Internet, z. B.

- www.umfrageonline.com;
- www.maq-online.de;
- www.onlineumfragen.com;
- www.umbuzoo.de;
- www.surveymonkey.de;
- www.Q-Set.de;
- www.survio.de

Vielleicht können Sie ja auch an Ihrer Hochschule als Studierender ein professionelles Instrument kostenfrei nutzen. Allerdings wird sich eine Online-Befragung aus methodischen Gründen nicht immer anbieten oder auch schlicht aus dem Grund, dass Sie nicht über die Email-Adressen der Zielgruppe verfügen.

3. Die Achillesferse jeder Fragebogenstudie ist die **Rücklaufquote**. Was passiert, wenn Sie zwar alles für einen guten Rücklauf getan haben, dieser sich aber – aus welchen Gründen auch immer – nicht einstellt? Ist dann Ihre gesamte wissenschaftliche Arbeit gescheitert? Das wäre angesichts der investierten Zeit höchst misslich. Für den Fall eines ungenügenden Rücklaufs müssen Sie einen „Plan B" in der Schublade haben und diesen auch mit Ihrem Betreuer im Vorfeld besprochen haben. Er muss ihn nämlich mittragen. Der „Rettungssprung" könnte z. B. in einer Ausweitung des theoretischen Teils bestehen. Denkbar wäre auch, dass bei der Bewertung mehr Gewicht auf die methodische Begründung der Fragebogenkonstruktion gelegt wird.

4. Die nachfolgenden Hinweise können nur **Basisempfehlungen** für die Durchführung von Fragebogenuntersuchungen sein. Sie ersetzen keinesfalls ausführliche Methodenbücher zur „Empirischen Sozialforschung". In diesen Werken finden sich tiefergehende Erörterungen zu unterschiedlichen Fragenformaten und insbesondere zu komplexeren Methoden der mathematisch-statistischen Datenanalyse. Dies kann und soll hier nicht geleistet werden. In Abhängigkeit von Bedeutung und Umfang des empirischen Teils in Ihrer Arbeit und in Abhängigkeit von den methodischen Ansprüchen Ihres Betreuers im Hinblick auf die Auswertung, müssen Sie vertiefende Literatur hinzuziehen. Empfehlenswert sind z. B. folgende Werke, auf die ich auch für die nachfolgenden Ausführungen punktuell zurückgegriffen habe:

- ATTESLANDER, P.: Methoden der empirischen Sozialforschung, 13. Aufl., Berlin 2010 (19,95 Euro)

- KROMREY, H./ROOSE, J./STRÜBING, J.: Empirische Sozialforschung: Modelle und Methoden der standardisierten Datenerhebung und Datenauswertung, 13. Aufl., Konstanz/München 2016 (34,99 Euro)

- PORST, R.: Fragebogen, 4. Aufl., Wiesbaden 2014 (19,99 Euro)
- SCHNELL, R./HILL, P.B./ESSER, E.: Methoden der empirischen Sozialforschung, 11. Aufl., München 2018 (29,95 Euro)
- Speziell zur Datenanalyse: STOETZER, M.-W.: Regressionsanalyse in der empirischen Wirtschafts- und Sozialforschung – Band I, Wiesbaden 2017 (34,99 Euro)
- Speziell zu Mitarbeiterbefragungen: BORG, I.: Führungsinstrument Mitarbeiterbefragung, 3. Aufl., Göttingen 2003 (39,95 Euro)

5. Nicht alle, aber viele Fragebogenuntersuchungen in Organisationen haben den Charakter einer **Mitarbeiterbefragung**. Daher gehen die nachfolgenden Ausführungen auch spezieller auf diesen Befragungstyp ein. Viele der gewählten Beispiele knüpfen an Mitarbeiterbefragungen an. In sie kann sich der Leser zum einen besonders leicht hineindenken und die dargestellten Gestaltungsüberlegungen und -prinzipien können zum anderen auch leicht auf andere Zielgruppen übertragen werden (z. B. Kunden- oder Expertenbefragungen).

6. Die nachfolgenden Ausführungen beziehen sich ausschließlich auf **schriftliche Fragebögen**. Sie dürften in studentischen Arbeiten die mit Abstand häufigste Erhebungsform sein. Die mündliche Befragung (= Interview) und die teilnehmende Beobachtung werden nicht thematisiert. Hier wird auf die einschlägige Spezialliteratur verwiesen. Aber natürlich sind viele der vorgetragenen Aspekte und Empfehlungen auch für mündliche Befragungen relevant. Online Befragungen werden als Unterform von schriftlichen Befragungen gesehen. Spezielle Anmerkungen dazu erfolgen an späterer Stelle.

II. Ziele von Fragebogenuntersuchungen

Befragungen sind **multifunktionale Instrumente**. Man kann mit ihnen sehr verschiedene Ziele verfolgen. Wichtig ist daher, dass Sie im Vorfeld mit dem Auftraggeber der Untersuchung präzise klären, welche Ziele ihm besonders wichtig sind, damit Sie den Fragebogen konsequent darauf ausrichten können. Die nachfolgend aufgelisteten Ziele sollen Ihnen helfen, in diesem Gespräch klärend nachzufragen und auch selbst präzisierende Vorschläge zu machen. Denn verdeutlichen Sie sich bitte: Nur wenn Ihr Auftraggeber selbst genau weiß, was er will, kann er Ihnen einen präzisen Untersuchungsauftrag geben, den Sie mit dem Fragebogen durchführen sollen. Manchmal müssen Sie durch Ihr investigatives Nachfragen und Ihre Vorschläge – im eigenen Interesse! – für diese Auftragsklarheit sorgen. Lassen Sie sich nie auf eine Fragebogenuntersuchung auf Basis von „wolkigen" Zielen ein!

Im Einzelnen haben Fragebögen insbesondere **Controlling-Funktionen**. Speziell im Fall von Mitarbeiterbefragungen können sie auch **Führungs-Funktionen** übernehmen.

1. Im Rahmen des **Controllings** (= Planung, Steuerung, Kontrolle des Organisationsgeschehens) decken Fragebogenuntersuchungen potenziell folgende Funktionen (= Ziele) ab:

- Sie sind ein **Diagnoseinstrument für Stärken und Schwächen** der Organisation. Wie beurteilen Mitarbeiter z. B. die Flexibilität der Arbeitszeiten oder die Höhe der Vergütung? Wie sehen Kunden die Produkte eines Unternehmens im Hinblick auf Qualität, Preiswürdigkeit, Zuverlässigkeit?

- Sie dienen der **Aufdeckung von Problemen** oder der näheren **Präzisierung/Einkreisung von Problemen** in der Organisation. Mitunter werden Probleme erst ersichtlich, wenn mit Hilfe eines Fragebogens gezielt nach ihnen gefragt wird. Manchmal haben Organisationen aber auch schon eine „Ahnung", dass „etwas nicht stimmt", können aber noch nicht genau genug identifizieren, wo nun konkret „die Säge klemmt". Mit Hilfe von Fragebögen können solche eher noch schwer fassbaren Probleme besser ausgeleuchtet und strukturiert werden. Einflussfaktoren auf bestehende Probleme werden aufgedeckt; Gegenmaßnahmen werden damit zielgerichteter.

Zu untersuchende Stärken/Schwächen und Probleme in der Organisation könnten insbesondere auf folgenden Ebenen liegen:

- eingesetzte Instrumente
- ablaufende Prozesse
- angebotene Produkte und Dienstleistungen
- soziale Beziehungen (z. B. Mitarbeiter zu Führungskräften, Mitarbeiter untereinander, Kontakte zum Kunden).

- Befragungen dienen der **Fundierung von Optimierungsmaßnahmen**. Verbesserungen im Unternehmen sollen nicht als „Schrotschuss“ stattfinden, sondern gezielt dort, wo die größten und prioritären Schwächen und Probleme zu finden sind. Fragebogenuntersuchungen helfen bei dieser Priorisierung.

- Sie können einen wichtigen **Beitrag zu kontinuierlichen Verbesserungsprozessen** (KVP) **und zum Total Quality Management** (TQM) in der Organisation leisten. Speziell regelmäßig wiederholte Fragebogenerhebungen tragen zur Feinjustierung und zur Dauerhaftigkeit von Optimierungsprozessen bei.

- Befragungen sind ein **Instrument der Erfolgskontrolle** nach der Durchführung von Optimierungsmaßnahmen. Wenn in der Organisation Veränderungen – gleich welcher Art – durchgeführt wurden, kann eine Befragung aufzeigen, ob die angestrebten Ziele auch wirklich erreicht wurden.

- Sie können eine wichtige **Frühwarnfunktion** übernehmen. Fragebogenergebnisse können schon frühzeitig signalisieren, dass „etwas nicht in Ordnung ist“. Die Organisation kann dann Maßnahmen ergreifen, bevor „das Kind in den Brunnen gefallen ist“, also z. B. frustrierte Mitarbeiter in größerer Zahl kündigen oder unzufriedene Kunden zur Konkurrenz abwandern. Voraussetzung ist allerdings, dass der Auftraggeber einer Untersuchung potenzielle Frühwarnsignale daraus auch wirklich ernst nimmt.

- Befragungen erlauben eine **ehrliche Bestandsaufnahme zu Arbeitszufriedenheit, Betriebsklima und Kundenzufriedenheit**. Gerade anonyme Befragungen gestatten es Mitarbeitern oder Kunden auch negative Aspekte in der Organisation „deutlich beim Namen zu nennen". Gerne spricht man im Rahmen einer Mitarbeiterbefragung daher auch von einem „Geschäftsbericht von unten" Die Organisationsleitung kann damit eigene (zu positive?) Annahmen kritisch hinterfragen und relativieren – wenn Sie dazu bereit ist. Diskutieren Sie in den Vorgesprächen Letzteres ruhig offen an. Sind auch negative Ergebnisse explizit erwünscht? Dann müssen die Fragen dafür vorhanden sein, um „den Finger in die Wunde zu legen". Oder möchte der Auftraggeber kritische Fragen, bei denen „Probleme hochschwemmen" können, tunlichst vermeiden? Für reine „Gefälligkeitsgutachten" sollten Sie sich mit Ihrer wissenschaftlichen Arbeit zu schade sein. Hinzu kommt, dass Sie nur schwer Verbesserungsvorschläge machen und Handlungsoptionen aufzeigen können, wenn in der Organisation (vielleicht nur vordergründig) „alles in Butter" ist.

2. Speziell Mitarbeiterbefragungen können im Rahmen der **Mitarbeiterführung** wichtige Funktionen übernehmen:

- Sie sind ein **Partizipationsinstrument** für eine große Zahl von Mitarbeitern. Breiten Mitarbeiterkreisen kann damit die Möglichkeit gegeben werden, ihre Meinung zu bestimmten Facetten der Organisationsführung zu artikulieren und ihre Veränderungswünsche einzusteuern. Üblicherweise haben diese Chance sonst nur einige wenige Mitarbeiter mit gutem Zugang zur Organisationsleitung und auch nur dann, wenn sie den Mut zu kritischen Äußerungen haben. Diese partizipative Funktion von Befragungen wird umso besser abgedeckt, je mehr Mitarbeiter einbezogen werden können. Das Ideal wäre vor diesem Hintergrund eine Vollbefragung.

- Sie sind ein wichtiges **Instrument des Changemanagements**. Speziell vor und bei wichtigen Veränderungen in der Organisation (= Change) kann eine Fragebogenerhebung in den Augen der Mitarbeiter die „Chance zur Mitgestaltung" bedeuten und so für eine verbesserte Akzeptanz der Veränderung sorgen. Zudem wird durch eine Befragung das

Ideenpotenzial der Mitarbeiter genutzt und die Veränderungsmaßnahmen sind so eventuell besser und realitätsgerechter. Es ist nämlich keineswegs ausgemacht, dass das Wissen um „den einzig richtigen Weg" immer exklusiv in der Hierarchiespitze angesiedelt ist. Durch den Einbezug der Mitarbeiter entsteht **Perspektivenvielfalt**.

- Befragungen sind ein **Baustein bei der Gestaltung einer offenen Organisationskultur**. Die Organisationsleitung signalisiert damit ihr Interesse an einer offenen Kommunikations- und Feedbackkultur. Man will gerne mit den Mitarbeitern intensiv in Kontakt kommen und legt Wert auf ihre Rückmeldungen. Der Idealzustand wäre natürlich das jederzeitige, offene Vier-Augen-Gespräch, aber dazu haben viele Organisationen und ihre Mitarbeiter noch nicht den Reifegrad. Insofern sind Befragungen ein wichtiger Entwicklungsschritt hin zu diesem Idealzustand.

- Sie sind ein **Instrument der Personalforschung**. Mitarbeiterbefragungen können **führungsrelevante Informationen** zu Bedürfnissen und Erwartungen generieren, aber auch zu Befürchtungen der Mitarbeiter im Hinblick auf alle Facetten der Arbeitssituation. Führungskräfte können in ihrem Führungshandeln nur das berücksichtigen, was sie wissen. Befragungen tragen damit also zu einer größeren Bewusstheit und Zielorientierung bei der Mitarbeiterführung bei.

- Mitarbeiterbefragungen können **ein Instrument des internen Personalmarketings** und damit ein wichtiger **Faktor für die Mitarbeiterbindung** sein. Warum? Zum einen können sie Quellen für Arbeitsunzufriedenheit und schlechtes Betriebsklima aufdecken und ihre rasche Beseitigung überhaupt erst ermöglichen. Zum anderen signalisieren sie den Mitarbeitern Mitgestaltungsmöglichkeiten. Und wo man das Gefühl hat, mitgestalten zu können, wird man eher bleiben wollen als dort, wo man das Gefühl hat, nur Befehlsempfänger oder ein „Rädchen im großen Getriebe" zu sein. Das wird allerdings nur funktionieren, wenn die Organisationsleitung wirklich gewillt ist, zeitnah kommunizierte Missstände anzugehen und Gestaltungsvorschläge der Mitarbeiter aufzugreifen.

- Befragungen können mitunter auch eine **Ventilfunktion** übernehmen. Psychologen würden wohl eher von einer „psychohygienischen Funktion“ sprechen. Mitarbeiter erhalten die Möglichkeit, einmal „Dampf abzulassen“ oder „das raus zu lassen, was sie schon lange geärgert hat“. Zumindest kurzfristig kann dies Spannungen in der Organisation abbauen und zur Ruhe beitragen. Langfristig wird man aber im Bedarfsfall um reale Veränderungen nicht umhinkommen.

- Mitarbeiterbefragungen können auch ein **Kommunikationsinstrument** für die Organisationsleitung sein, mit denen sie ihre Ziele und Strategien zu den Mitarbeitern transportiert. Eigentlich kommunizieren bei einer Befragung die Befragten ihre Botschaften an den Fragesteller. Aber gerade bei einer schriftlichen Befragung hat man die Chance, durch die Fragen, durch die Art der Fragestellung oder auch durch verbindende/erläuternde Sätze zwischen den Fragen Botschaften vom Fragesteller an die Befragten zu transportieren. Diese Chance sollte man nicht verstreichen lassen, denn immerhin erhalten nicht so häufig viele (oder gar alle) Organisationsmitarbeiter ein „Dokument“ von ihrem Arbeitgeber, mit dem sie sich dann (hoffentlich) intensiv befassen. Diese „geistige Aktivierung“ für einen bestimmten Themenkomplex kann man nutzen, um so „nebenher“ noch wichtige Botschaften zu platzieren oder Informationen zu transportieren. Auf alle Fälle ist zu prüfen, ob nicht die geplante Befragung auch eine Plattform für solche informatorischen Nebenziele darstellen kann.

Abschließend nochmals: Haben Sie alle diese Ziele bei Ihren Vorgesprächen im Hinterkopf. Je präziser geklärt ist, welche Funktionen die Befragung abdecken soll, umso zielgenauer können Sie den Fragebogen gestalten und umso nützlicher werden die Ergebnisse und die von Ihnen auf dieser Basis formulierten Handlungsempfehlungen für den Auftraggeber sein. Für die Benotung Ihrer empirischen wissenschaftlichen Arbeit wird ein zufriedener Auftraggeber und ein stringent aus den Zielen abgeleiteter Fragebogen in aller Regel auch nicht von Schaden sein.

III. Risiken und potenzielle Probleme

Wo es so viele potenzielle Funktionen und Vorteile gibt, existieren natürlich auch Risiken und mögliche Probleme. Man sollte sich ihrer bei jeder Fragebogenuntersuchung bewusst sein. Der erzielbare Nutzen aus der Befragung sollte im Vorfeld immer sorgfältig gegen die Risiken und Probleme abgewogen werden. Im Einzelfall kann man zur Einschätzung kommen, dass die möglichen Nachteile den Nutzen überwiegen. Dann sollte man konsequent auf eine Befragung verzichten. Vielleicht ist ja auch nur der Zeitpunkt ungünstig und man greift das Vorhaben besser zu einem späteren Zeitpunkt nochmals auf. Es ist auch Ihre Aufgabe, in den Vorgesprächen solche Risiken und Probleme anzusprechen, wenn sie der Auftraggeber nicht selbst thematisiert. Machen Sie sich bitte klar, dass Sie auch „mit im Orkan stehen", wenn eine Befragung in der Organisation zu Verärgerung führt oder gar komplett scheitert. Mitunter ist der gänzliche Verzicht auf eine Befragung besser als eine missglückte Befragung. Letztere führt nämlich zu Frustrationen bei allen Beteiligten und „verschmutzt" das Feld für künftige Befragungen in der Organisation auf längere Zeit. Folgende Risiken und Probleme sollten Sie also im Vorfeld im Auge haben.

1. Ein Fragebogen ist immer eine **unkalkulierbare Intervention in eine Black Box**. Sie setzen mit einer Befragung einen Stimulus (= Reiz), der eine bestimmte Reaktion der Befragten nach sich ziehen wird. Welche das sein wird, ist bis zu einem gewissen Grad unkalkulierbar. Denn wie die Befragten diesen Reiz für sich kognitiv verarbeiten, ist nie ganz sicher vorherzusagen; sie piksen eben in eine „schwarze Kiste". Von Freude *(„Endlich fragt uns mal einer")* bis zu heller Empörung *(„Für einen solchen Unsinn ist Geld und Zeit da", „Die Organisationsleitung soll sich erst einmal um die naheliegenden Missstände kümmern!")* ist grundsätzlich jede Überraschung möglich. Im Regelfall wird vor allem eine ungeplante Verärgerung über eine Mitarbeiterbefragung für eine Organisation problematisch sein, da sie das Arbeitsklima länger belasten kann. Aber auch die Befragung eines Kunden, bei dem man schon länger in Lieferverzug ist, kann dessen „heiligen Zorn" entfachen. Es lohnt also, im Vorfeld über die Frage nachzudenken, welche ungeplanten Emotionen durch den Fragebogen freigesetzt werden könnten und wie man dies prophylaktisch vermeiden könnte. Dafür reicht dann oft schon ein kurzer Satz, in dem „gerade existierende Probleme“ offen eingeräumt werden.

2. Befragungen können zum berühmt-berüchtigten **„Wecken schlafender Hunde“** führen. Die Befragten könnten erst auf bestimmte Missstände aufmerksam werden. Vorher haben sie bestimmte Probleme gar nicht gesehen oder ihnen nur eine geringe Priorität eingeräumt. Durch die Befragung geraten sie dann in den zentralen Aufmerksamkeitsfokus einer Person. Diesen Risikofaktor sollten Sie auf alle Fälle mit dem Auftraggeber ansprechen.

3. **Befragungen zum falschen Zeitpunkt** steigern die Wahrscheinlichkeit, dass es zu ungeplanten, heftigen Negativreaktionen durch die Befragten kommt. Eine Arbeitszufriedenheitsbefragung in Zeiten des Stellenabbaus oder von Vergütungskürzungen, in Phasen starker Arbeitsüberlastung oder während einer Restrukturierung macht in aller Regel wenig Sinn. Man handelt sich damit eher den Vorwurf von „Zynismus“ ein. Ob eine Kundenbefragung in Zeiten von Qualitätsproblemen oder Lieferverzögerungen Sinn macht, muss zumindest im Einzelfall kritisch diskutiert werden. Auf alle Fälle sollte man auch prüfen, wann die Befragten zuletzt eine Befragung mit ähnlicher Ausrichtung bearbeitet haben. Ist der zeitliche Abstand groß genug? Oder produziert man bei den Befragten eher „Antwortmüdigkeit“?

Der falsche Zeitpunkt für eine Befragung kann auch vorliegen, wenn gerade besonders prägnante Ereignisse in einer Organisation stattgefunden haben. Sie könnten die Erhebungsergebnisse verzerren. So herrscht bei den Mitarbeitern kurz nach der Ausschüttung der Jahresschlussprämie eine euphorische Stimmung und sorgt möglicherweise dafür, dass die Ergebnisse zu positiv ausfallen. Umgekehrt sorgen belastende Ereignisse (z. B. Verkündung einer Umstrukturierung) zu „Denkzetteläußerungen“ und negativ verzerrten Ergebnissen. Zumindest muss man solche Einflüsse bei der Interpretation der Ergebnisse berücksichtigen.

4. Oft generieren Befragungen bei der Zielgruppe bestimmte Erwartungshaltungen. Es soll sich etwas ändern – und dies möglichst schnell, möglichst umfassend und natürlich zum Positiven hin. Geschieht dies aus

Sicht der Befragten nicht oder nicht in angemessener Zeit, dann führt die Fragebogenerhebung zu **Enttäuschungspotenzialen**. Es ist also im Vorfeld zu diskutieren, wie schnell man auf geäußerte Wünsche, Erwartungen und angeprangerte Missstände reagieren kann und will. Nur bei einer hinreichend zeitnahen und ausreichenden Handlungsbereitschaft des Auftraggebers machen Befragungen Sinn. Wenn Befragte erkennen, dass sie viel Zeit und Energie in einen Fragebogen investieren, dann aber keine Aktivitäten seitens des Auftraggebers folgen, dann wird ihre Teilnahmebereitschaft für künftige Befragungen empfindlich beeinträchtigt. Möglicherweise kann es auch sinnvoll sein, über entsprechende Formulierungen im Anschreiben zum Fragebogen überzogene Erwartungen der Befragten hinsichtlich Intensität und Schnelligkeit von Veränderungen etwas zu dämpfen.

5. Möglicherweise erhält man von den Befragten aus **Angst vor negativen Konsequenzen** keine ehrlichen Antworten. Dieses Problem tritt bevorzugt bei Mitarbeiterbefragungen auf. Die Befragten tendieren dann zu „Schönfärberei“, wenn sie sich kritisch z. B. zum Verhalten von Führungskräften oder auch ganz allgemein zu den Arbeitsbedingungen in der Organisation äußern sollen. Ein wichtiges Gegenmittel ist die strikte Anonymisierung der Befragung. Im Anschreiben zum Fragebogen sollte man die Anonymität auch explizit betonen. Allerdings kann auch dies bei einer kleinen Befragungszielgruppe die Bedenken der Mitarbeiter nicht restlos ausräumen. Speziell dann, wenn sie befürchten müssen, dass über die Angabe von demografischen Merkmalen (z. B. Geschlecht, Alter, Betriebszugehörigkeit, Ausbildungsniveau) eine Rückverfolgbarkeit auf ihre Person möglich ist. Gerade bei einem kleinen Befragtenkreis sollte man daher höchst sparsam mit der Abfrage von demografischen Merkmalen sein. Im Rahmen der Ergebnisinterpretation muss man auch die Frage kritisch prüfen, ob die Ergebnisse nicht aus Angstgründen positiv verzerrt sind.

6. Eine weitere Bedrohung der Ergebnisqualität ergibt sich aus **„Antworten im Sinne der sozialen Erwünschtheit“**. Der Befragte gibt dabei nicht seine wirkliche Meinung an, sondern stellt Vermutungen an, was der Fragesteller (oder der Auftraggeber der Befragung) „gerne hören möchte“. Und diese Antworten werden dann „serviert“. Die Gefahr dieser Ergebnisverzerrung ist natürlich bei nicht-anonymen Befragungen besonders hoch.

Sie ist aber auch bei völlig anonymen Befragungen nicht vollständig gebannt. Denn hier kann der psychologische Mechanismus der „Selbstbildkongruenz" wirken. Menschen haben grundsätzlich ein Bild von sich selbst, dem sie dann bei allen möglichen Handlungen – z. B. Beantwortung von Fragebögen – entsprechen möchten. Wenn also z. B. jemand von sich das Bild eines „nicht materiell orientierten Menschen" hat, dann wird er Fragen nach der *„Wichtigkeit einer hohen Vergütung"* tendenziell mit geringerer Zustimmung beantworten. Bei der Ergebnisinterpretation sollte man also immer auch kritisch hinterfragen, ob nicht einzelne Fragen „im Sinne sozialer Erwünschtheit" beantwortet wurden. Die Gefahr besteht generell bei Fragenkomplexen, die aus individueller oder gesellschaftlicher Sicht „werthaltig aufgeladen" sind (z. B. Gerechtigkeit, materielle Orientierung, Umweltorientierung, Hilfsbereitschaft, Kooperation).

7. Gerade Mitarbeiterbefragungen können **Ängste bei den Mitarbeitern** generieren. Man sollte daher im Vorfeld immer empathisch die Frage stellen, wie allein die Tatsache, dass eine Befragung durchgeführt wird, von den Mitarbeitern interpretiert werden könnte. Bei ihnen stellt sich häufig die Frage nach dem Grund und dem Ziel. Warum diese Befragung? Warum gerade zu diesem Zeitpunkt? Was bezweckt die Organisationsleitung? Möglicherweise wird die Befragung als „Vorbote anstehender Veränderungen" interpretiert. Solchen Spekulationen kann man vorbeugen, indem Ziel und Hintergrund der Untersuchung möglichst frühzeitig, klar und ausführlich kommuniziert werden. Einige wenige Sätze im Anschreiben zum Fragebogen sind dafür mitunter nicht ausreichend. Zusätzlich sind im Vorfeld Organisationsleitung und Führungskräfte mit ausführlichen (mündlichen) Erläuterungen zur beabsichtigten Studie gefordert.

8. Zu denken ist auch an potenzielle **Ängste von Themen- oder Bereichsverantwortlichen**. Sollte eine Fragebogenerhebung Probleme, schlechte Bewertungen etc. zu Tage fördern, dann stellt sich schnell die Frage, wer dieses Thema oder diesen Bereich verantwortet. Selbstverständlich wird diesen Personen im Vorfeld die Frage nach möglichen negativen Konsequenzen für sich selbst durch den Kopf gehen. Eine Führungskraft wird sich sorgenvoll die Fragen stellen *„Was, wenn mein Führungsverhalten negativ beurteilt wird?", Was, wenn gerade die Arbeitsbedingungen in meinem Bereich am schlechtesten abschneiden?".* Und jeder Qualitätsver-

antwortliche wird angespannt auf die Ergebnisse der Kundenbefragung warten, in der auch die Produkt- und Dienstleistungsqualität auf dem Prüfstand stand. Personen, die aus den Ergebnissen negative Folgen für sich befürchten, werden potenziell Gegner der gesamten Befragung sein oder zumindest Methodik und Ergebnisse torpedieren. Es lohnt sich also, im Vorfeld einer Befragung grundsätzlich die Frage zu stellen, wer aufgrund der Ergebnisse seine Reputation oder Machtposition in Gefahr sehen könnte oder sich Rechtfertigungszwängen ausgesetzt sieht. Diese Personen gilt es besonders intensiv einzubinden. Ihre Sorgen und Ängste müssen zerstreut werden.

Bei Mitarbeiterbefragungen ist hier auch speziell der **Betriebsrat oder Personalrat** im Auge zu behalten. Er versteht sich als Gremium der Interessenvertretung aller Mitarbeiter. Wenn nun Belegschaft und Organisationsleitung via Fragebogen „direkt“ miteinander kommunizieren, dann könnte er sich in seiner Rolle beeinträchtigt sehen. Unabhängig von allen arbeitsrechtlichen Mitbestimmungserfordernissen, die später noch thematisiert werden, ist über eine frühzeitige und intensive Einbindung nachzudenken. Über Art, Form und konkreten Zeitpunkt muss die Organisationsleitung befinden. Es ist schließlich „ihr“ Betriebs-/Personalrat, den sie besser kennt und mit dem sie noch länger zusammenarbeiten muss. Von Ihnen sollte aber im Bedarfsfall der Hinweis kommen, „auch an die Mitarbeitervertretung zu denken“.

9. Ein generelles Problem bei allen empirischen Untersuchungen sind **Ergebnisverzerrungen durch Selbstselektionseffekte**. Theoretisch ausgenommen ist hier lediglich die Vollbefragung mit einer Rücklaufquote von 100%. Aber sonst stellt sich immer die Frage, ob die *Teilnehmer* an einer Befragung nicht systematisch andere Merkmale, Meinungen, Erfahrungen, Einschätzungen etc. aufweisen als die *Nichtteilnehmer*. Die Ergebnisse wären dann im Hinblick auf die Grundgesamtheit verzerrt. Vielleicht haben sich nur die besonders zufriedenen, mutigen und engagierten Mitarbeiter an einer Befragung beteiligt? Wie aber hätten die weniger Zufriedenen, weniger Mutigen und weniger Engagierten geantwortet? Hätten sie auch den Fragebogen bearbeitet, wären dann die Ergebnisse eventuell fühlbar anders gewesen? Eine Lösung für dieses Problem bieten lediglich intensive Bemühungen um möglichst hohe Rücklaufquoten. Im Rahmen der Ergebnisinterpretation sollte man aber kritisch die Frage prüfen, ob es Indizien dafür gibt, dass sich die Gruppe der Nichtteilnehmer anders zusammensetzt als die Gruppe der Teilnehmer.

IV. Vorteile und Nachteile von Fragebögen

Die naheliegende methodische Alternative zu einem schriftlichen Fragebogen im Papier- oder Online-Format ist die **mündliche Befragung** (= Interview). Vorteile und Nachteile von Fragebögen ergeben sich daher insbesondere in Spiegelung am Instrument des Interviews. Die wichtigsten Aspekte sind in den nachfolgenden vier Tabellen aufgelistet. Insbesondere die relativen Nachteile von Fragebögen muss man kennen, um ihnen bei der Konzeption von Befragungen weitestmöglich gegensteuern zu können.

Schriftliche Befragung – VORTEILE
▶ Große Stichproben sind kostengünstig und zeitökonomisch abdeckbar.
▶ Chance auf ehrliche Antworten durch mögliche Anonymität ist hoch.
▶ Besonders geeignet für „heikle" Fragen *(„Denken Sie an eine Kündigung?")*
▶ Die Auswertung ist unkompliziert.
▶ Es gibt keine verfälschenden Interviewereinflüsse. Damit wird eine hohe Objektivität der Ergebnisse sichergestellt.
▶ Ergebnisse sind tendenziell standardisiert und ermöglichen damit gut einen internen/externen und intertemporalen Vergleich.

Tab. 1: Vorteile schriftlicher Befragungen

Schriftliche Befragung – NACHTEILE
▶ Es gibt keinen (kaum) Kontakt zwischen Befragten und Fragenden. Damit sind Fragenklärungen bei Verständnisproblemen von Fragen oder Antworten unmöglich oder zumindest extrem erschwert. Fehlinterpretationen von Fragen oder Antworten sind daher möglich.

► Große Gefahr geringer Beteiligung (= Rücklauf)
► Unkontrollierbarkeit der Befragungssituation kann zu Verfälschungen führen (z. B. Ausfüllen/Beeinflussung durch Drittpersonen).
► Die Sichtbarkeit aller Fragen kann zu Halo-Effekten und damit mangelnder Unabhängigkeit der Fragen führen (der Befragte versucht, durch Vor- und Zurückblättern die Antworten konsistent zu gestalten).
► Die Fragebogenlänge ist beschränkt, da keine Motivationsmöglichkeiten im Ausfüllprozess bestehen.
► Eine vertiefte Abklärung komplexer Zusammenhänge ist nur eingeschränkt möglich.

Tab. 2: Nachteile schriftlicher Befragungen

Mündliche Befragung – VORTEILE
► Es ist eine vertiefte Abklärung auch von komplexeren Zusammenhängen möglich.
► Verständnisprobleme des Befragten mit der Fragestellung können direkt behoben werden. Missverständnisse werden so unwahrscheinlicher.
► Die Möglichkeit zur direkten Hinterfragung von Antworten kann relevante Zusatzaspekte aufdecken und macht auch Fehlinterpretationen von Antworten unwahrscheinlicher.
► Ein direkter persönlicher Kontakt zum Interviewer im Verbund mit Motivationsmöglichkeiten und einem höheren Aktivitätsniveau kann zu erhöhter Äußerungsbereitschaft und größerer Geduld des Befragten führen. Die Befragungen können damit tendenziell länger sein.
► Die abgeforderte Spontaneität führt eventuell zu ehrlicheren Antworten.
► Die Befragung kann über veränderte Formulierungen flexibel auf den Bildungs- und Erfahrungshintergrund des Befragten angepasst werden.

Tab. 3: Vorteile mündlicher Befragungen

Mündliche Befragung – NACHTEILE
▶ Hoher Zeit- und Kostenaufwand. Damit unterliegt auch die Größe der Stichprobe engen Beschränkungen.
▶ Speziell bei „heiklen" Fragen kann die nicht vorhandene Anonymität zu geringerer Äußerungsbereitschaft und Ehrlichkeit führen.
▶ Die Qualität der erhobenen Ergebnisse hängt stark von der Qualifikation des Interviewers ab. Aufwendige Interviewerschulungen sind oft notwendig.
▶ Interviewereinflüsse (z. B. unpräzise Fragestellung, selektive Wahrnehmung, Fehlinterpretationen von Antworten, lückenhafte Notizen, bewusste Manipulationen) gefährden die Erhebungs- und Auswertungsobjektivität.
▶ Ohne eine hohe Standardisierung ist kaum ein interner/externer und intertemporaler Ergebnisvergleich möglich.

Tab. 4: Nachteile mündlicher Befragungen

V. Allgemeine Erfolgsvoraussetzungen

1. Eine **exakte Zieldefinition** ist zentrale Voraussetzung für eine gute empirische Untersuchung. Was genau soll mit der Befragung herausgefunden, was soll aufgeklärt werden? Erst wenn diese Fragen exakt und ausführlich beantwortet sind, können Entscheidungen über die genaue Konzeption der Untersuchung, die Fragen und ihre konkreten Formulierungen getroffen werden. Ein unscharfes Untersuchungsziel führt zwangsläufig zu unscharfen Fragen.

Damit ist die Voraussetzung für ein zentrales Qualitätsmerkmal von Fragebögen gelegt: **Hinter jeder einzelnen Frage muss ein klar definiertes, konkretes Erkenntnisinteresse stehen!** Auf Nachfrage müssten Sie zu jeder Frage nachvollziehbar erläutern können, warum Sie sie stellen, was Sie damit herausfinden wollen bzw. welche Hypothese Sie damit überprüfen wollen. Können Sie das nicht, dann ist die Frage überflüssig und gehört nicht in den Bogen! Verwenden Sie den limitierten Platz sinnvoller.

2. Bei einer Befragung in einer Organisation muss eine **sichtbare Unterstützung durch Organisationsleitung, Führungskräfte und Betriebs-/ Personalrat** vorliegen. Diese Akteure müssen aktiv kommunizieren, dass die Befragung gewollt und die Ergebnisse wichtig sind. Nur dann wird man von den Befragten eine große Beteiligungsbereitschaft erwarten können. Insbesondere die Information, dass der Betriebs-/Personalrat in die Konzeption eingebunden war, die Befragung geprüft und ihr zugestimmt hat, ist eine wichtige vertrauensbildende Maßnahme.

3. Es muss eine **intensive Information der Befragten im Vorfeld** erfolgen. Befragungen sollten nicht als „Kaltstart" durchgeführt werden. Vielmehr muss vorab kommuniziert werden, dass eine Fragebogenerhebung stattfindet, worin ihre zentralen Ziele bestehen und wie in groben Zügen die organisatorischen Abläufe aussehen. Dies steigert Akzeptanz und Beteiligungsbereitschaft bei den Befragten. Detaillierter wird dieser Aspekt nochmals unter dem Kapitel zur Rücklaufsicherung angesprochen. Zur Information im Vorfeld gehört auch die **Ankündigung einer offenen und zeitnahen Kommunikation der Ergebnisse** an die Befragten – falls diese daran Interesse haben.

4. Eine strikte Gewährleistung von **Freiwilligkeit und Anonymität** der Befragung steigert die Teilnahmebereitschaft und die Ehrlichkeit der Antworten. Im Einzelfall kann aber auch ein hohes Interesse des Auftraggebers bestehen, Ergebnisse in bestimmten Bereichen oder gar von Einzelpersonen in einer Organisation zu generieren und diesen dann auch zuordnen zu können. Das geht nur zum Preis der Aufhebung von Freiwilligkeit und Anonymität. Ob dieser gerechtfertigt ist, kann nur im Einzelfall abgewogen werden.

5. Die Durchführung einer Befragung samt Ergebnisauswertung und Ableitung von Handlungsnotwendigkeiten stellt ein komplexes Projekt dar. Wie bei jedem Projekt ist damit auch eine **strikte Zeitplanung** für die einzelnen Arbeitsphasen eine wichtige Erfolgsvoraussetzung. Die konkrete Dauer der einzelnen Phasen hängt sehr stark von Umfang und Komplexität der Befragung ab. Sie kann also nur für den Einzelfall geplant werden. Im Grundsatz können Sie sich bei der Planung an nachfolgendem Phasenmodell orientieren (Abb. 1). Es beinhaltet die Maximalstruktur für den Fall, dass aus der Befragung auch noch Reaktionsmaßnahmen abgeleitet und umgesetzt werden sollen.

Planen Sie zeitlich ein, dass für die Fragebogenentwicklung oftmals mehrere Überarbeitungsrunden nötig sind. Es passiert sehr selten, dass gleich der erste Fragenbogenentwurf durch die Entscheidungsträger akzeptiert wird. Die Erarbeitung guter Fragebögen ist ein iterativer Prozess, der sich oft in mehreren Verbesserungsschleifen vollzieht. Lassen Sie sich davon nicht frustrieren. Das ist normal! Weiterhin sollten Sie auch noch einen Zeitpuffer für eine optionale Nachfassaktion und/oder eine Verlängerung der Rücklauffrist einplanen. Wenn dies die Rücklaufquote signifikant erhöht, dann ist das den zusätzlichen Zeiteinsatz wert. Man muss diese Option aber proaktiv einplanen, damit dadurch nicht das gesamte Befragungsprojekt terminlich aus dem Ruder läuft.

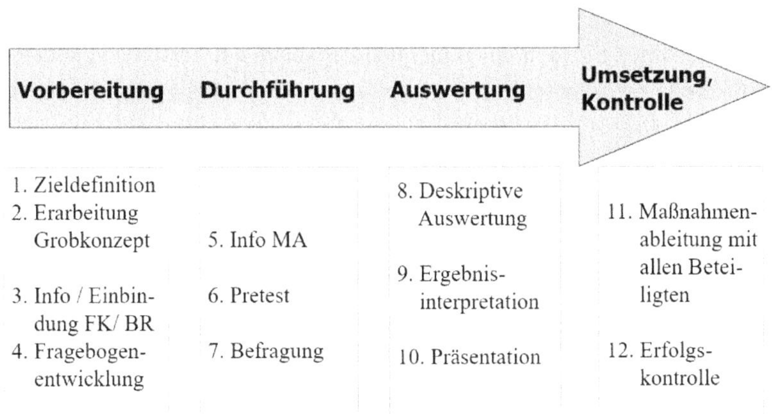

Abb. 1: Phasen eines Befragungsprojekts

VI. Rechtliche Fragen

In rechtlicher Hinsicht stellt sich bei jeder Befragung immer die Frage nach der Relevanz von Datenschutzgrundverordnung (DSGVO) und Bundesdatenschutzgesetz (BDSG) und bei Befragungen in einer Organisation die

Frage nach einer Einbeziehung des Betriebsrats. Für Letzteres sind insbesondere die Bestimmungen aus dem Betriebsverfassungsgesetz (BetrVG) relevant. Für Personalräte gelten die Aussagen analog.

1. **DSGVO** und **BDSG** mit ihren Regeln zum **Datenschutz** sind nur relevant, wenn bei einer Befragung *personenbezogene Daten* erhoben werden. Das sind solche, die einer ganz bestimmten Person eindeutig zugeordnet werden können (Art. 2 Abs. 1 i.V.m. Art. 4 Nr. 1 DSGVO und § 1 Abs. 1 BDSG). Nur diese fallen unter den Schutzzweck von DSGVO und BDSG, nämlich die Persönlichkeitsrechte einzelner Personen zu schützen. Damit ist klar, dass für jede **anonyme Befragung** die Bestimmungen der Datenschutzgesetze irrelevant sind.

Dies gilt natürlich nur, wenn die **Anonymitätswahrung** absolut sichergestellt ist! Es darf dann auch nicht möglich sein, mit verhältnismäßig geringem Aufwand durch Kombination mehrerer Fragen/Antworten mit hoher Sicherheit auf eine bestimmte Person zurückzuschließen. Vor diesem Hintergrund sollten Sie zum einen möglichst sparsam mit der Erhebung demografischer Daten umgehen. Denn aus der Kombination von z. B. *Geschlecht* + *Alter* + *Ausbildungsniveau* + *Dauer der Betriebszugehörigkeit* + *Wohnort* kann man unter Umständen einfach eine bestimmte Person identifizieren. Zum anderen sollten Sie gerade bei Mitarbeiterbefragungen auf die separate Auswertung sehr kleiner Organisationseinheiten (Faustformel: < 10 Mitarbeiter) verzichten. Hier lässt vielleicht schon die Beantwortung der Fragen den Schluss auf eine bestimmte Person zu. Weiterhin sollten Sie dafür sorgen, dass beim Rücklauf der Bögen (siehe auch Kapitel XII) keine Verbindung zwischen Person und Fragebogen hergestellt werden kann. Das beinhaltet z. B. eine schnelle Trennung des Bogens vom Rücksendeumschlag mit dem Absender, aber auch eine blickgeschützte Aufstellung von Rückgabeboxen. Generell sollten Sie zur Missbrauchsverhütung ausgefüllte Fragebögen immer nur gut verschlossen lagern, so dass der Zugang für unbefugte Personen ausgeschlossen ist.
Speziell bei Online-Umfragen ist darauf zu achten, dass die IP-Adresse des Antwortenden nicht zurückverfolgbar ist.

Bei **nicht-anonymen Befragungen** bewegt man sich immer im Schutzbereich von DSGVO und BDSG, da jetzt *personenbezogene Daten* erhoben werden und damit Persönlichkeitsrechte zu schützen sind. Diese Daten dürfen nur innerhalb der engen Grenzen der Datenschutzgesetze erhoben, verarbeitet und genutzt werden. Sie kommen in diesem Fall also nicht umhin, sich intensiv mit der sehr komplexen Materie des Datenschutzrechts zu beschäftigen. Grundsätzlich sollte bei einer wissenschaftlichen Arbeit an der Hochschule eine anonyme Befragung angestrebt werden. Besteht der Auftraggeber aber auf eine nicht-anonyme Erhebung, dann ist dringend zu empfehlen, den/die Datenschutzbeauftragte/n der Organisation eng einzubinden und auch für die Einhaltung der Datenschutzvorschriften mit in die Pflicht zu nehmen.

Sollte eine nicht-anonyme Befragung unumgänglich sein, dann sollten Sie auf alle Fälle folgende Hinweise beachten:

- Es ist die Einwilligung der Befragten einzuholen. Einwilligungen müssen immer *vorab* erteilt werden, sind also am Beginn des Fragebogens zu platzieren. Sie müssen ganz explizit erkennbar sein.

- Der Zweck der Untersuchung und die Art der Verwendung der Daten muss beschrieben sein.

- Es muss eine verantwortliche natürliche Person namentlich mit zustellfähiger Postadresse angegeben sein.

- Der Zugang zu den Daten muss auf möglichst wenige Personen beschränkt und streng reglementiert sein. Personen mit Datenzugang sollten schriftlich auf den Datenschutz verpflichtet worden sein.

- Sobald die Daten nicht mehr benötigt werden, müssen sie gelöscht werden. Aus Gründen der wissenschaftlichen Rekonstruierbarkeit der Ergebnisse kann auch eine Aufbewahrung über mehrere Jahre angezeigt sein. Dies sollte dann aber nur in streng anonymisierter Form erfolgen.

2. Bei der **Beteiligung des Betriebsrates** ist zu unterscheiden in ein reines *Informationsrecht* und ein *Mitbestimmungsrecht.* Da der Betriebsrat nach § 80 Absatz 1 BetrVG darüber wachen muss, dass im Unternehmen *„die zu Gunsten der Arbeitnehmer geltenden Gesetze eingehalten werden"*, hat er nach § 80 Absatz 2 BetrVG den Anspruch, dass er zur Durchführung seiner Aufgaben *rechtzeitig und umfassend vom Arbeitgeber unterrichtet wird* und ihm auch *die erforderlichen Unterlagen zur Verfügung gestellt werden.* Schon allein zur Überprüfung der Einhaltung des Datenschutzes muss der Betriebsrat Ziel und Konzeption der Befragung kennen. Der Arbeitgeber muss ihn also unaufgefordert (Bringschuld!) ausführlich über die geplante Befragung informieren und zwar so rechtzeitig, dass auch noch Bedenken, Änderungs- und Ergänzungswünsche vorgebracht werden können. Schon 1999 hat das Bundesarbeitsgericht geurteilt, dass der Betriebsrat auch Informationen über die Ergebnisse der Befragung verlangen kann, wenn die hinreichende Wahrscheinlichkeit besteht, dass die Erkenntnisse die Aufgaben des Betriebsrates betreffen (BAG 1 ABR 28/97). Das wird bei Mitarbeiterbefragungen in aller Regel der Fall sein. Fazit: Betriebsräte sind umfassend über die Befragung und ihre Ergebnisse zu *informieren.* Das ergibt sich eigentlich auch schon aus dem Grundsatz einer *vertrauensvollen Zusammenarbeit,* zu der § 2 BetrVG Arbeitgeber und Betriebsrat verpflichtet. Erforderlichenfalls müssen Sie den Auftraggeber auf die notwendige Information der Arbeitnehmervertretung hinweisen.

Das deutlich schärfere **Mitbestimmungsrecht** – im Sinne einer nötigen Zustimmung des Betriebsrats zur Befragung –, kommt nur in Betracht, wenn dadurch *Fragen der Ordnung des Betriebs und des Verhaltens der Arbeitnehmer im Betrieb* tangiert sind (§ 87 Absatz 1, Nr. 1 BetrVG), die Befragung als *technische Einrichtung zur Überwachung von Leistung und Verhalten der Arbeitnehmer* (§ 87 Absatz 1, Nr. 6 BetrVG) oder als *Personalfragebogen* gem. § 94 BetrVG klassifiziert werden kann. Dies alles ist aber nur der Fall, wenn die Befragung nicht-anonym durchgeführt wird, die Ergebnisse also für konkrete einzelne Mitarbeiter zu Konsequenzen führen könnten, vor denen sie der Betriebsrat schützen muss. Bei einer anonymen Befragung stellen sich diese Fragen nicht. Der Arbeitgeber muss also nicht die Zustimmung des Betriebsrats einholen und ist in der Konzeption der Befragung auch völlig frei. Vorschläge des Betriebsrates muss er sich zwar anhören (s. o. zum Informationsrecht), muss sie aber nicht umsetzen.

Abseits der rechtlichen Beurteilung ist es aber natürlich trotzdem für die Akzeptanz des Fragebogens bei den Mitarbeitern erstrebenswert, dass der Betriebsrat „positiv mit im Boot sitzt".

VII. Zielgruppe und Stichprobe

1. Die **Zielgruppe (= Grundgesamtheit)** einer Befragung sind die Personen, über die mit der Untersuchung eine Aussage getroffen werden soll (z. B. alle weiblichen Mitarbeiter eines Unternehmens, alle männlichen Kunden über 40 Jahre). Legen Sie also präzise fest, über welche Personengruppe Ihre Befragung Erkenntnisse liefern soll. Die **Stichprobe (= Sample)** stellt dann einen mehr oder weniger großen Ausschnitt aus der Zielgruppe dar.

2. Gemäß Abbildung 2 sind folgende **Beziehungen zwischen Zielgruppe und Stichprobe** mit den entsprechenden Folgen für die **Repräsentativität** der Befragung möglich:

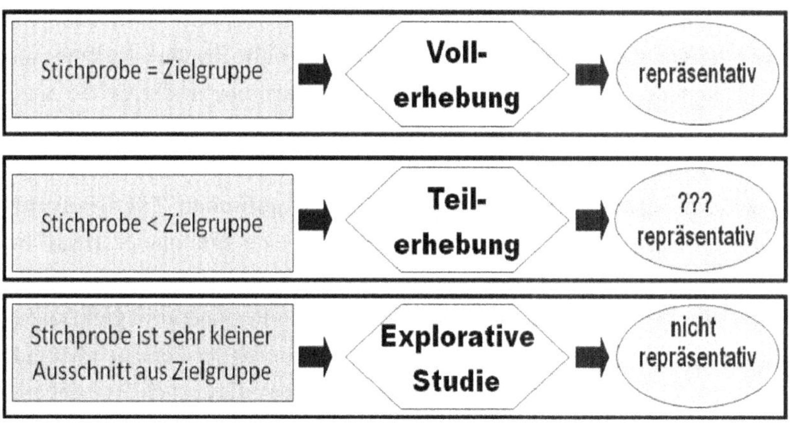

Abb. 2: Beziehungen zwischen Zielgruppe und Stichprobe

Repräsentativität ist ein Qualitätsmerkmal einer Studie. Es geht dabei um die Frage, ob eine Stichprobe die Merkmale einer Zielgruppe hinreichend genau abbildet. Nur eine weitgehende Repräsentativität gestattet annähernd verlässliche Rückschlüsse von den Befragungsergebnissen auf die Zielgruppe. Denn nur dann wird diese verzerrungsfrei widergespiegelt. Befragt man im Rahmen einer Vollerhebung jedes Mitglied einer Zielgruppet, dann steht die Repräsentativität außer Zweifel. Bei einer explorativen Studie ist die Repräsentativität nicht gegeben. Man führt sie – sozusagen als Vorstudie – zur weiteren Erkundung oder Strukturierung eines Forschungsfelds durch. Bei einer Teilerhebung ist die Frage der Repräsentativität offen. Je größer die Stichprobe, desto höher die Wahrscheinlichkeit für repräsentative Ergebnisse – desto höher aber auch der Befragungsaufwand. Man geht allgemein davon aus, dass ab einer Stichprobengröße von 30 Befragten Repräsentativität herrscht, allerdings nur unter der Bedingung, dass die Ziehung der Stichprobe streng nach dem **Zufallsprinzip** erfolgt ist *(vgl. Stoetzer, M.-W.: Regressionsanalyse in der empirischen Wirtschafts- und Sozialforschung, Wiesbaden 2017, S. 197f).*

3. Wie kann nun eine streng **zufallsgesteuerte Stichprobenziehung** erfolgen? Wenn alle Mitglieder der Zielgruppe bekannt sind (z. B. über vorliegende Mitarbeiter-, Namens- oder Adresslisten), dann kann das **Zufallsverfahren (= Random-Verfahren)** eingesetzt werden. In der Form der **einfachen Zufallsauswahl** werden zunächst alle Personen in einer Liste fortlaufend nummeriert. Dann wird eine Stichprobe in der Größe X aus der Liste gezogen. Das kann geschehen über Nummernzettel, Zufallszahlentafeln oder elektronische Zufallszahlengeneratoren im Internet (z. B. www.zufallsgenerator.net). In Form der **systematischen Zufallsauswahl** wird auf Basis der nummerierten Liste (s. o.) eine zufällige Startzahl bestimmt (z. B. über einen Würfel) und dann wird jedes x-te Element aus der Liste gezogen. Über diese Verfahren haben alle Personen die gleiche Ziehungswahrscheinlichkeit. Sind bestimmte Merkmale der Personen häufiger vorhanden (z. B. Alter über 50 Jahre), dann haben diese auch eine entsprechend höhere Wahrscheinlichkeit, ausgewählt zu werden.

Wenn bestimmte Merkmale (z. B. Geschlecht, Beschäftigungsstatus, Abteilungszugehörigkeit) in einer Zielgruppe sehr unterschiedlich verteilt sind und Sie auf alle Fälle sicherstellen wollen, dass Ihre Stichprobe diese Merkmale in gleicher Proportion enthält wie die Grundgesamtheit, dann könnten Sie das **Quotenverfahren** zur Strichprobengenerierung einsetzen.

Das macht Sinn, wenn Sie überprüfen wollen, ob z. B. Frauen anders antworten als Männer oder Führungskräfte anders als Mitarbeiter ohne Führungsfunktion. Ein Beispiel verdeutlicht die Vorgehensweise: In einem Unternehmen mit N=1800 Mitarbeitern (900 Arbeiter, 600 Angestellte und 300 Leitende Angestellte) sollen die Mitarbeiter mit einer Stichprobengröße von 33% (N=600) befragt werden. Man interessiert sich besonders für die Unterschiedlichkeit der Antworten der drei Beschäftigtengruppen. Daher sortiert man die gesamte Mitarbeiterliste nach diesen Beschäftigtengruppen und zieht aus jeder dieser Gruppen nach dem Zufallsverfahren (s.o.) 33% – also 300 Arbeiter, 200 Angestellte und 100 Leitende Angestellte.

4. Denken Sie bei Teilerhebungen auch an die **Reaktionen der Nicht-Befragten**. Wie empfinden diese den Ausschluss? Fühlen Sie sich zurückgesetzt und von der Möglichkeit zur Meinungsäußerung ausgeschlossen? In diesem Fall wären dann Kommunikationsaktivitäten einzuplanen, die nachvollziehbar die Gründe für eine Teilerhebung darlegen.

VIII. Fragentypen

Sie müssen eine Entscheidung treffen, welche **Fragentypen** in Ihrem Fragebogen zum Einsatz kommen sollen. Nachfolgend werden die wichtigsten Typen samt Vor-/Nachteilen und einiger Gestaltungshinweise vorgestellt. Selbstverständlich können Sie eine Mischung unterschiedlicher Fragenarten verwenden. Zentrale Überlegungen sind:

- Welcher Fragentyp ist am besten geeignet, um einen bestimmten Sachverhalt aufzuklären?

- Welcher Fragentyp wird den Charakteristika der Zielgruppe (z. B. Vorwissen, Bildungsniveau, Motivation für die Befragung) am ehesten gerecht und überfordert oder langweilt die Zielgruppe nicht.

1. Nach den **Freiheitsgraden für den Antwortenden** unterscheidet man die geschlossene, die offene und als Hybridtyp die halboffene Frage.

Bei **geschlossenen Fragen** sind alle möglichen Antwortmöglichkeiten vollständig vorgegeben. Eigene Antworten des Befragten sind nicht vorgesehen. Für ihn entsteht damit ein Zwang zur Entscheidung.

Beispiel: *„Was stört Sie bei Ihrem Vorgesetzten am meisten?*
☐ *Führungsstil* ☐ *Umgangston* ☐ *häufige Abwesenheit* ☐ *Informationspolitik*

Dem Antworter muss klar sein, ob er nur ein oder mehrere Kreuze setzen darf. Für diese Klarheit müssen Sie über die Fragenformulierung und den Zusatz *„Mehrfachnennung möglich"* sorgen.

Vorteile von geschlossenen Fragen sind ihre leichte und vor allem eindeutige und objektive Auswertbarkeit, eine hohe Vergleichbarkeit der Antworten und die Tatsache, dass alle – aus Sicht des Fragers (!) – wesentlichen Aspekte des Untersuchungsthemas abgedeckt sind. Zudem kann die eher kurze Bearbeitungszeit für die Fragen die Teilnahmemotivation erhöhen.

Nachteile liegen im hohen Aufwand, der für die Entwicklung der Antwortkategorien betrieben werden muss. Denn diese sollen ja möglichst komplett sein. Dabei stellt sich dann die Frage, ob Sie als Fragebogenentwickler wirklich alle relevanten Aspekte vordenken können. Ist Ihr Überblick zum Denk- und Handlungsraum der Befragten detailliert genug? Wenn zentrale Antwortkategorien fehlen, dann bedeutet das zum einen eine starke Qualitätseinschränkung im Fragebogen, da er den Realitätsraum der Befragten nur unzureichend erfasst und zum anderen verliert ein Befragungsinstrument schnell an Akzeptanz, wenn sich die Befragten in ihm unzureichend wiederfinden. Kritisch zu prüfen ist auch, ob nicht der Fragebogen bei einer erschöpfenden Auflistung aller Antwortkategorien zu unübersichtlich wird. Bei zu vielen Antwortoptionen entsteht eine Tendenz, gar nicht mehr alle zu lesen, sondern einfach eine der ersten anzukreuzen. Und letztlich gibt es auch das Risiko, dass bei zu vielen geschlossenen Fragen im Bogen die Beantwortung oberflächlich wird und die Befragten nur einen „schnellen Kreuzchenabwurf" praktizieren.

Bei **offenen Fragen** sind keine Antwortkategorien vorgegeben. Der Befragte antwortet völlig frei. Der Freiraum nach der Frage sollte so bemessen sein, dass einerseits genügend Platz zur Verfügung steht und auch ein gewisser „psychologischer Aufforderungscharakter“ für detaillierte Antworten entsteht, andererseits dürfen die Leerzeilen den Fragebogen aber auch nicht zu stark verlängern.

Beispiel:	*„Was stört Sie bei Ihrem Vorgesetzten am meisten?*
	--
	--

Vorteile: Dieser Fragentyp löst eine intensivere geistige Auseinandersetzung mit der Fragestellung aus. Er gibt dem Befragten die Möglichkeit zu einer umfassenden Äußerung und Thematisierung aller Aspekte, die aus seiner Sicht relevant sind. Das kann dazu führen, dass überraschende Aspekte auftauchen, an die die Fragebogenkonstrukteure nicht gedacht haben. Der Befragte bekommt keine Denk-/Antwortrichtung vorgegeben, sondern schildert „seine Wirklichkeit“ in „seiner Sprache“.

Mögliche **Nachteile** liegen in den höheren kognitiven Anforderungen. Falls bei den Teilnehmern eine vertiefte Auseinandersetzungsbereitschaft mit einem Sachverhalt nicht vorliegt, dann fallen die Antworten oberflächlich aus oder die Frage wird gar nicht beantwortet. Günstig für offene Fragen sind immer Sachverhalte, bei denen eine hohe persönliche Betroffenheit der Befragten vorliegt. Die Qualität der Antworten hängt auch sehr stark vom Verbalisierungsvermögen der Zielgruppe ab. Überlegen Sie also kritisch, was Sie hier voraussetzen können. Da die Teilnehmer nicht – wie bei einer geschlossenen Frage – mit den relevanten Aspekten aktiv konfrontiert werden, wird die Qualität der Antworten sehr stark vom Erinnerungsvermögen der Befragten abhängen. Wenn diese eine bestimmte Problemfacette in der Befragungssituation nicht sehen, dann bleibt sie schlicht „unbeleuchtet“. Bei welchen Aspekten kann/will man dieses Risiko eingehen, bei welchen nicht? Möchte man unbedingt eine Aussage zu einem bestimmten Aspekt, dann muss man ihn aktiv vorgeben. Und letztlich ist bei offenen Fragen auch die Auswertung sehr aufwändig. Die Antworten müssen interpretiert und dann zu Clustern zusammengefasst werden. Bei der Interpretation *(„Was hat der Befragte gemeint?“)* lauern dann Verfälschungsgefahren.

Zur Ausschöpfung der Vorteile von offenen und geschlossenen Fragen und zur Milderung der dargestellten Nachteile bietet sich als Mischform die **halboffene Frage** an. Hier wird die Vorgabe von Antwortkategorien um eine offene Rubrik *„Sonstiges"* ergänzt. Damit können Zusatzaspekte erhoben werden, an die bei der Fragebogenkonstruktion nicht gedacht wurde. Und die Befragten erhalten das Gefühl, dass sie alle für sie wichtigen Aspekte tatsächlich auch thematisieren können. Falls in einem Fragebogen ein Themenkomplex (z. B. *„Mitarbeiterführung"*) über mehrere Fragen abgedeckt wird, dann bietet sich die Variante an, dass man am Ende des Themenkomplexes noch eine abschließende offene Frage setzt, mit der man bislang nicht thematisierte Aspekte abschöpfen kann (z. B. *„Sie haben sich in den vorherigen Fragen zur Mitarbeiterführung in Ihrem Unternehmen geäußert. Welche Aspekte wurden in diesen Fragen nicht angesprochen, die Sie uns gern noch mitteilen möchten?"*). Es ist generell eine angemessene Beimischung von offenen Frageformaten zu empfehlen. Es wäre schade, wenn bei einer aufwändigen Befragung wichtige Informationen nicht erhoben werden, nur weil sie der Fragebogenkonstrukteur „nicht auf dem Schirm hat". Eine Mischung zwischen offenen und geschlossenen Formaten kann zudem einen Fragebogen abwechslungsreicher machen, was sich positiv auf Konzentration und Motivation der Befragten auswirkt.

2. Nach dem **Ziel der Frage** lassen sich weitere Typen unterscheiden. Bei einer **Faktfrage** geht es um Informationen über eine Person oder einen Sachverhalt, die grundsätzlich auch nachprüfbar wären.

Beispiel:	*„Wann beginnen Sie morgens in der Regel mit Ihrer Arbeit?"*

Fragen Sie sich bei einer Faktfrage kritisch, ob dem Befragten mit hoher Wahrscheinlichkeit auch die notwendigen Informationen zur Beantwortung der Frage kognitiv präsent sind oder er dadurch überfordert wird.

Bei **Wissensfragen** geht es um die Ermittlung eines konkreten Informations- oder Wissensstands eines Befragten zu einem nachprüfbaren Zusammenhang.

Beispiel:	*„Welche betrieblichen Sozialleistungen Ihres Unternehmens sind Ihnen bekannt?"*

Diesen Fragentyp sollten Sie nur maßvoll verwenden. Falls die Befragten zu viele dieser Fragen nicht oder nur unvollständig beantworten können, dann empfinden Sie das möglicherweise für sich als beschämend und verlieren die Motivation für den Fragebogen. Achten Sie bei den Formulierungen auch darauf, dass die Fragen nicht zu stark einen „Prüfungscharakter" bekommen.

Bei **Einschätzungsfragen** ist der Befragte zu einer Prognose über eine unsichere Zukunft gezwungen. Dieser Fragentyp kann gut zur Erhebung der Zukunftsvorstellungen von Personen, aber auch als Stimmungsindikator eingesetzt werden.

Beispiel:	*„Was wird sich in den nächsten 10 Jahren an Ihrem Arbeitsplatz verändern?"*

Auch hier sollten Sie sich kritisch fragen, ob die Teilnehmer eine hinreichend fundierte Prognosebasis für die Beantwortung haben. Ansonsten erhalten Sie nur einen „substanzlosen Blick in die Glaskugel". Mitunter kann aber auch der sinnvoll sein, nämlich wenn man herausfinden möchte, welche Zukunftsängste und Sorgen die Befragten bewegen.

Bei **Bewertungsfragen** geht es um die Ermittlung von subjektiven Werturteilen über Personen oder Sachverhalte, die über eine Skala in positive oder negative Kategorien eingeordnet werden.

Beispiel:	*„Wie zufrieden sind Sie mit der Einbindung in wichtige Abteilungsentscheidungen durch Ihren Vorgesetzten?"*

Die **Zustimmungsfrage** (= Statementfrage) ist eine Formulierungsvariante (in der Regel) für eine Bewertungsfrage. Es wird dabei der Grad der Zustimmung oder Ablehnung zu einer Aussage (= Statement) erfragt. Oft koppelt man diese Frage mit einer fünfstufigen Skala; man spricht dann von einer LIKERT-Skala.

Beispiel: *„Mein Vorgesetzter informiert mich ausreichend"*

- ☐ *Stimme vollständig zu*
- ☐ *Stimme eher zu*
- ☐ *Teils/Teils*
- ☐ *Stimme eher nicht zu*
- ☐ *Stimme überhaupt nicht zu*

Bei einer **Ranking-Frage** werden die Befragten aufgefordert, eine Auswahlentscheidung vorzunehmen oder/und eine Prioritätenrangliste zu bilden. Dies kann in Form eines geschlossenen oder eines offenen Fragenformats geschehen.

Beispiel:

„Durch welche Merkmale zeichnet sich für Sie ein attraktiver Arbeitgeber aus? Bitte wählen Sie aus nachfolgender Liste die drei wichtigsten Merkmale durch Ankreuzen aus."

(alternativ oder zusätzlich: *„Bitte ordnen Sie die ausgewählten Merkmale nach ihrer Wichtigkeit. Vergeben Sie dafür die Ziffer **1** für das wichtigste, die Ziffer **2** für das zweitwichtigste und die Ziffer **3** für das drittwichtigste Merkmal. Schreiben Sie die Ziffern bitte in die Kästchen."*)

- ☐ *Gute Bezahlung*
- ☐ *Geregelte Arbeitszeiten*
- ☐ *Gute Karrieremöglichkeiten*
- ☐ *Umfängliche Mitbestimmungsmöglichkeiten*
- ☐ *Regelmäßige Fortbildung*
- ☐ *Gutes Image der Produkte*

oder offenes Fragenformat

„Bitte nennen Sie die drei wichtigsten Merkmale, durch die sich ein attraktiver Arbeitgeber auszeichnet."

(eventuell zusätzlich: *„Nennen Sie bitte die Merkmale in der Reihenfolge ihrer Wichtigkeit – das Wichtigste zuerst."*)

1. ____________________
2. ____________________
3. ____________________

Dieser Fragentyp liefert interessante Zusatzinformationen, da er eine Gewichtung der Einzelaspekte ermöglicht. So können bei der Auswertung beispielsweise für die erzielten Platzierungen Rangpunkte vergeben werden. Für die erste Position werden 3, für die zweite 2 und die dritte Position 1 Rangpunkt vergeben. Auf der anderen Seite ist das Fragenformat aber auch sehr komplex angelegt. Fehlerhafte Handhabungen durch die Befragten und in der Folge unbrauchbare Ergebnisse sind nicht ausgeschlossen. Auf alle Fälle bedarf es einer präzisen Ausfüllanleitung. Und dann müssen die Befragten auch noch bereit sein, diese detailliert zu beachten. Überlegen Sie also, ob dies für Ihre Zielgruppe gegeben ist.

3. Unter der Kategorie **Sonstige Fragen** sind noch Folgende wichtig: **Statistische Fragen** (= demografische Fragen) erheben persönliche Merkmale über den Befragten (z. B. Geschlecht, Alter, Dauer der Betriebszugehörigkeit, Ausbildungsniveau, Wohnregion, Abteilungszugehörigkeit u.v.m.). Diese Fragen sind unter dem Aspekt der Anonymität problematisch. Jedes abgefragte Merkmal mehr steigert die grundsätzliche Möglichkeit, durch Kreuzung dieser Merkmale auf die konkrete Person des Antwortenden zurückzuschließen. Den Befragten ist dies natürlich in aller Regel auch bewusst. Zu viele demografische Fragen können daher die Teilnahmebereitschaft deutlich vermindern. Gehen Sie daher sparsam mit diesem Fragentyp um! Immer wieder erlebt man, dass demografische Daten ohne großes Nachdenken nach dem Prinzip „Nice to have“ abgefragt werden. Schaut man sich dann die Auswertungen an, dann stellt man fest, dass diese Merkmale überhaupt keine Rolle spielen. Wichtig: Es macht nur dann Sinn z. B. nach dem Geschlecht und dem Alter zu fragen, wenn Sie die Daten tatsächlich auch differenziert nach Geschlecht und Altersklassen auswerten wollen. Ansonsten verlängern Sie nur unnötig den Fragebogen, gefährden die Anonymität und verschlechtern die Rücklaufquote.

Mit Hilfe von **Filterfragen** wird das Vorhandensein eines bestimmten Merkmals oder bestimmter Erfahrungen abgefragt. Es wird damit verhindert, dass die Teilnehmer mit Fragen konfrontiert werden, die für Sie irrelevant sind oder zu denen sie gar nicht auskunftsfähig sind. Denn weder ist es erwünscht, dass sich bei den Teilnehmern das Gefühl einstellt, dass der Fragebogen eigentlich gar nicht ihre Erfahrungs- und Lebensrealität abbildet bzw. sie demotivierend häufig die Kategorie *„trifft nicht zu“* ankreuzen müssen oder – noch schlimmer – sie Fragen beantworten, die sie eigentlich gar nicht beantworten können. Solche „Verschmutzungen“ mindern die Qualität der Ergebnisse beträchtlich!

<u>Beispiel:</u> *„Haben Sie bereits an unserem internen Englischkurs teilgenommen?"*

- *wenn* ***ja*** → *weiter mit Frage 11*
- *wenn* ***nein*** → *weiter mit Frage 16*

Überlegen Sie also genau, an welchen Stellen im Fragebogen es notwendig oder sinnvoll ist, die Teilnehmer um eine Frage herum zu schleusen. Und achten Sie dann auch darauf, dass dieser Ausfüllhinweis absolut klar formuliert und gut sichtbar ist.

Einleitungsfragen dienen der sichtbaren Einleitung eines neuen Themenkomplexes. Die Einleitungsfrage sollte eher global ausgerichtet sein und den Teilnehmer mental auf ein neues Themenfeld einstimmen. Durchaus sinnvoll ist es, neue Themenkomplexe immer mit einer ähnlich aufgebauten Einleitungsfrage zu beginnen. Sie geben dem Fragebogen damit eine nachvollziehbare Struktur.

<u>Beispiel:</u> *„Wie gut kennen Sie unsere Regelungen zu Arbeitszeitsystemen (<u>oder</u>: zur Vergütung, zum Arbeitsschutz, zur Fortbildung etc.)?".*

oder

„Wie wichtig ist Ihnen die Gestaltung der Arbeitszeit? (<u>oder</u>: Vergütung, Arbeitsaufgabe, Führungsstil etc.)?"

Die beiden Beispiele geben Ihnen gerade bei Mitarbeiterbefragungen zusätzlich die Möglichkeit zu interessanten, portfolioorientierten Auswertungen. Was ist damit gemeint? Wenn Sie zunächst nach dem *„Informationsstand eines Teilnehmers"* oder nach der *„Wichtigkeit eines Themas für ihn"* fragen und danach detailliert seine *„Zufriedenheit"* mit eben diesem Thema eruieren, können Sie die beiden Fragen auch optisch sehr gut miteinander in Beziehung setzen. Die Grafik in Abbildung 3 macht das Prinzip deutlich.

In diesem Beispiel werden die Probleme der Organisation sehr anschaulich. Es gibt einen hohen Anteil von Mitarbeitern, für die das Thema „Arbeitszeit" tendenziell eine *„sehr hohe Wichtigkeit"* hat und deren Zufriedenheit damit gleichzeitig *„sehr gering"* ist. Ein hoher Anteil Unzufriedener, denen die Thematik „Arbeitszeit" aber tendenziell nicht so wichtig ist, wäre weitaus unproblematischer. Überlegen Sie, ob Sie bei Ihrem Fragebogen auch Fragen nach diesem Muster konstruieren können.

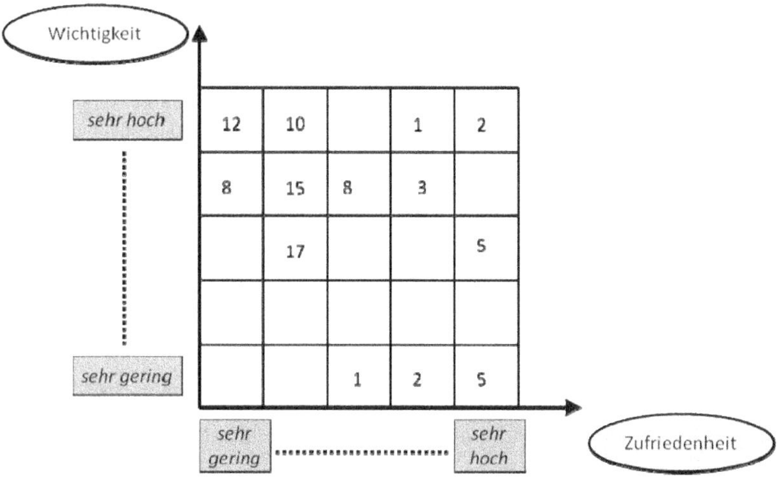

Abb. 3: Portfolioorientierte Fragengestaltung und -auswertung

Pufferfragen haben eine ähnliche Funktion wie Einleitungsfragen. Sie sollen für die Befragten die Themenkomplexe mental trennen, indem sie ein Themengebiet deutlich erkennbar abschließen.

Beispiel:	*„Haben Sie nun abschließend noch weitere Verbesserungsvorschläge zur Optimierung der Arbeitszeiten?"*

Schlussfragen haben die Funktion eine Gesamtbilanzierung vorzunehmen, nachdem sich die Teilnehmer über den Fragebogen hinweg sehr detailliert in ein Themenfeld hineingedacht haben.

Beispiel:	*„Wie zufrieden sind Sie insgesamt mit der XY AG als Arbeitgeber?"* oder *„Würden Sie in Gesamtschau einem guten Freund empfehlen, sich bei der XY AG zu bewerben?"*

Bei **Kontrollfragen** wird der gleiche Sachverhalt in ähnlicher Form ein zweites Mal abgefragt. Dabei ist die Formulierung verändert oder/und die Skala umgepolt. Kontrollfragen liefern ein Indiz dafür, wie konsistent ein Teilnehmer antwortet, wie ernsthaft und konzentriert er sich mit den Fragen auseinandergesetzt hat und damit letztlich, wie verlässlich die Ergebnisse sind. Eine andere Technik, um die Antwortqualität zu prüfen, besteht in der Vorgabe von Antwortalternativen, die de facto gar nicht existieren.

IX. Fragenformulierung

Beachten Sie bei der **Formulierung der Fragen** bitte nachfolgende Hinweise.

1. Verwenden Sie möglichst **einfache, kurze und präzise Formulierungen.** Fragen Sie sich, ob man den gleichen Inhalt nicht auch unkomplizierter ausdrücken kann. Lassen Sie sich dabei ruhig auch von Externen mit gutem Sprachgefühl beraten. Ideal sind Hauptsätze, die ohne Nebensatzkonstruktionen auskommen. Das wird natürlich nicht immer möglich sein. Vermeiden Sie aber auf alle Fälle komplizierte Schachtelsätze und doppelte Verneinungen (z. B. *„Meine Aufgabeninhalte sind nicht uninteressant.“*). Diese bergen Missverständnispotenziale und führen zu falschen Antworten.

2. Setzen Sie eine **zielgruppenorientierte Sprache** ein. Bei der Befragung von Führungskräften können Sie andere Formulierungen verwenden als bei einem Fragebogen für Azubis oder Hilfskräfte.

3. Verwenden Sie möglichst **keine Fremdwörter und Fachwörter**. Dies gilt auch für Dialekt-, Szene- oder subkulturelle Ausdrücke. Ausnahmen davon darf es nur geben, wenn Sie ganz sicher sind, dass alle (!) Teilnehmer der Zielgruppe bestimmte Termini auch wirklich exakt gleich (!) verstehen.

4. Formulierungen müssen **möglichst neutral** und **nicht-suggestiv** sein. Suggestive Fragen beeinflussen den Befragten, indem allein durch die Art der Formulierung eine bestimmte Antworttendenz provoziert wird. Beispiel: Bei den Formulierungen *„Es macht Ihnen doch nichts aus, an einem* *anderen Standort zu arbeiten?"* oder *„Würden Sie sich der Versetzung an einen anderen Standort verschließen?"* wird der Befragte subtil in die Antwortrichtung *„Nein"* manipuliert. Wer *„verschließt"* sich schon gern oder steht als Quertreiber da? Wesentlich neutraler wäre eine Frage *„Können Sie sich eine Versetzung an einen anderen Standort vorstellen?"*.

5. Seien Sie sehr zurückhaltend mit stark **werthaltigen Begriffen**. Typische Beispiele sind: Gerechtigkeit, Ehrlichkeit, Vertrauen, Frieden, Freiheit etc. Im Zweifelsfall versteht jeder Befragte etwas anderes darunter. Sie wissen aber nicht, was. Damit sind dann auch die Antworten schwer interpretier- und vergleichbar. Wenn, dann sollten Sie solche wertbesetzen Begriffe sehr bewusst verwenden, etwa weil Sie Emotionen/Stimmungen in einer Organisation aufklären wollen.

6. Achten Sie bei geschlossenen Fragen auf eine hohe Trennschärfe der vorgegebenen Antwortkategorien im Sinne von **Überschneidungsfreiheit**. Sie müssen den Teilnehmern voneinander unabhängige Ankreuzoptionen anbieten. Ansonsten kommt es zu verzerrenden Doppelzählungen bei der Auswertung, da Sie den gleichen Sachverhalt mehrfach messen. So ist bei nachfolgendem Beispiel zweifelhaft, ob hier wirklich unabhängige Ankreuzoptionen vorliegen:

Beispiel: *„Was ist Ihnen auf Ihrem Arbeitsplatz besonders wichtig?"*
☐ *Freiraum bei der Arbeitszeit-Gestaltung* ☐ *Arbeitszeitflexibilität* ☐ .....

7. Fragen müssen **eindimensional formuliert** sein. Hinter einer Frage dürfen sich also nicht zwei oder gar noch mehr Fragen verstecken. Ein Beispiel macht das Problem deutlich.

Beispiel:	*„Mit den Fortbildungs- und Weiterentwicklungsmöglichkeiten im Unternehmen bin ich zufrieden."*

Hier werden in einer Frage zwei unterschiedliche Sachverhalte abgefragt. Was soll ein Teilnehmer ankreuzen, der zwar mit dem Angebot an Fortbildungskursen sehr zufrieden ist, aber mit den gebotenen Karriereoptionen (= Weiterentwicklungsmöglichkeiten) überhaupt nicht? Diese Frage muss in zwei Fragen aufgespalten werden! Die Alarmlampe sollte bei Ihnen angehen, wenn in der Fragenformulierung die Worte *„und“* oder *„oder“* auftauchen. Möglicherweise haben Sie dann eine zweidimensionale Frage konstruiert.

8. Bei Fragen mit Vergangenheitsbezug sollte der Befragte eine Vorstellung haben, auf welchen **Zeitraum** sich die Frage bezieht. Soll er die letzten vier Wochen in die Betrachtung einbeziehen oder die letzten vier Jahre?

9. Seien Sie sparsam mit **hypothetischen Fragen**. Der Befragte muss sich dabei in eine imaginäre Situation hineindenken *(„Stellen Sie sich vor, dass ...“)*. Es bleibt immer unsicher, in welchem Ausmaß dies einer Person gelingt. Auf alle Fälle handelt es sich um einen anspruchsvollen Fragentyp, der die Teilnehmer stark fordert.

10. Zumindest risikoreich sind **wechselnde Polungen** bei der Formulierung. Diese liegen vor, wenn Sachverhalte wechselnd mit positiven (z. B. *„Mit meiner Vergütung bin ich zufrieden.“*) und negativen Formulierungen (z. B. *„Mit meiner Vergütung bin ich unzufrieden.“*) abgefragt werden. Wechselnde Polungen können auch über Veränderung der Skalenformulierung oder auch durch Austausch von positivem und negativem Skalenende erreicht werden. Das Ziel dieser Vorgehensweise liegt in der Verhinderung einseitiger Reaktionsmuster (statische Zustimmungs- bzw. Ablehnungstendenzen) beim Befragten. Zudem kann durch wechselnde Polungen ein abwechslungsreicherer Fragebogen erreicht werden, der die Konzentration/Motivation der Teilnehmer steigert. Das Risiko liegt darin, dass der Fragebogen komplexer wird und zu falschen Beantwortungen führt, wenn die Befragten die Umpolung übersehen. Jede Umpolung bei der Formulierung oder/und Skalierung der Fragen „zerstört“ eine aufgebaute kognitive Formulierungs- und/oder Skalenverankerung der Teilnehmer. Zudem wird Energie vom eigentlichen Frageninhalt abgezogen. Ob sich der Einsatz von Umpolungen anbietet, muss situativ in Abhängigkeit von Befragungsziel und Zielgruppe entschieden werden.

X. Skalierung

Bislang wurde nur die Formulierung der Fragen betrachtet. Durch die Kombination einer Frage mit einer Skala entsteht als kleinste Einheit des Fragebogens ein „Item“. Generell ist die Frage der „richtigen“ Skalierung ein komplexes Thema, das in der Spezialliteratur oft sehr ausführlich behandelt wird. Insofern können nachfolgend nur die wichtigsten Basisaspekte angesprochen werden, die bei der Entscheidung für die Skalierung zu durchdenken sind.

1. Grundsätzlich ist eine **Mischung zwischen verschiedenen Skalentypen** möglich. Es gelten die obigen Ausführungen zur Umpolung von Skalen analog. Abzuwägen ist immer eine messtheoretisch erwünschte, stabile Skalenverankerung bei den Teilnehmern (spricht eher für einheitliche Skalentypen) gegen die Chance, Konzentration und Motivation über eine abwechslungsreichere Skalengestaltung zu erreichen. Es kommt also – wie so oft – auf das richtige Maß an. Empfehlenswert ist – zum Erhalt der Skalenverankerung – längere Passagen im Fragebogen mit der gleichen Skala zu gestalten, ehe man dann in einem neuen Abschnitt eine andere Skala einsetzt. Denken Sie aber auch an folgenden Aspekt: Sollten Sie die Ergebnisse mit ähnlich gelagerten früheren Untersuchungen oder mit Studien anderer Forscher vergleichen wollen, dann ist dafür ein gleicher Skalentyp am besten geeignet.

2. Bei der Entscheidung zur **Skalenlänge** ist immer abzuwägen zwischen ausreichenden Differenzierungs*möglichkeiten* für den Befragten einerseits und Verhinderung der Überforderung des Differenzierungs*vermögens* andererseits. Kann eine Person einen Sachverhalt wirklich trennscharf z. B. auf einer 10er-Skala einordnen? Das Optimum für die Skalenlänge wird üblicherweise im Bereich zwischen 4 und 7 Skalenpunkten gesehen.

3. Im Hinblick auf die Frage nach einer **geraden oder ungeraden Anzahl von Skalenpunkten** ist die Überlegung zentral, ob Sie den Teilnehmern eine „Flucht in die Mitte“ ermöglichen wollen, wenn Sie sich zu einem Sachverhalt nicht eindeutig entscheiden können/wollen. Dann müssen Sie eine ungerade Skala anbieten. Oder wollen Sie die Befragten eher zu einer Entscheidung zwischen einer eher positiven und einer eher negativen

Bewertung „zwingen“ und das Phänomen der „Bewertungsfaulheit“ verhindern? Dann wäre eine gerade Skala angemessen.

4. Bei der Entscheidung zwischen **numerischen und verbalen Skalen** ist zu sehen, dass numerische Skalen abstrakter sind. Das bedeutet, dass sich die Befragten ihr kognitives Bezugssystem selbst konstruieren müssen. Verbal untersetzte Skalen (z. B. *„sehr zufrieden bis sehr unzufrieden“*) haben oftmals eine eindeutigere kognitive Verankerung. Die Teilnehmer müssen für sich keinen „Übersetzungsakt“ vornehmen. Verbale Skalen sind dafür aber oft mit der Schwierigkeit verbunden, eindeutige Benennungen der Skalenpunkte zu finden, die zudem auch sprachlich korrekt eine Abstufung widerspiegeln und eine hinreichend präzise Symmetrie zwischen positiven und negativen Bewertungen aufweisen. Insbesondere die Benennung der Mitte bei ungeraden Skalen ist problematisch. Persönlich habe ich eine gewisse Präferenz für die Formulierung *„teils/teils“*, da sie die neutrale Bewertung recht gut zum Ausdruck bringt.

Denken Sie bei der Benennung von Skalenpunkten auch an mögliche Assoziationen, die sie auslösen. So wird eine 6er-Skala oder eine verbale Skala von *„sehr gut“ bis „ungenügend“* bei den Teilnehmern in aller Regel mentale Verbindungen zu Schulnoten herstellen. Ist dies gewollt oder nicht?

Mit Blick auf die spätere Auswertung bieten numerische Skalen den Vorteil, dass sie nicht erst codiert werden müssen, ehe man Lage- und Streuungsparameter wie z. B. Mittelwerte oder Standardabweichungen berechnen kann. Verbale Skalen sind hier generell problematischer, da für die Berechnung von Streuungsmaßen vorausgesetzt werden muss, dass die Abstände zwischen den einzelnen Skalenpunkten immer gleich sind (= Intervallskala). Bei abstrakten Zahlenskalen ist dies wahrscheinlicher.

5. Es ist eine Entscheidung über die Aufnahme einer **Kategorie *„weiß nicht“*** zu treffen. Sie ist sinnvoll, um die Teilnehmer nicht zur Abgabe von Bewertungen über Sachverhalte zu „zwingen“, zu denen sie keine informatorische Basis oder eindeutige Meinung haben. Das Risiko liegt darin, dass das Angebot einer solchen Option zu „Reflektionsfaulheit“ führen kann und die Teilnehmer von ihr überstark Gebrauch machen. Entscheidet man sich für eine Kategorie *„weiß nicht“*, dann muss entschieden werden, ob man sie vor oder nach der Skala anbietet. Logischer ist eine Platzierung vor der Skala, um die Abgabe von substanzlosen Bewertungen zu verhindern. Das Gegenargument wäre wieder die „Erziehung zur Reflektionsfaulheit“.

6. Zur gedanklichen Anregung finden sich einige typische **Beispiele für Skalierungen** in nachfolgender Tabelle 5.

Messdimension	Skalenbeispiel
Zufriedenheits-bewertung	sehr zufrieden ♦ zufrieden ♦ teils/teils ♦ eher unzufrieden ♦ sehr unzufrieden
Qualitätsbewertung	sehr gut ♦ gut ♦ eher schlecht ♦ sehr schlecht
Wahrscheinlichkeit	Ganz sicher ♦ wahrscheinlich ♦ eher unwahrscheinlich ♦ auf keinen Fall
Frequenzangabe	immer ♦ manchmal ♦ nie
Zustimmung mit LIKERT-Skala	*„Meine Arbeitsaufgabe ist abwechslungsreich.“* Stimme voll zu ♦ stimme überwiegend zu ♦ teils/teils ♦ stimme eher nicht zu ♦ stimme überhaupt nicht zu
Bipolare Einschätzungen mit semantischen Differentialen	*„Die Atmosphäre im Mitarbeitergespräch ist ....“* **persönlich** (1) ♦ (2) ♦ (3) ♦ (4) ♦ (5) **unpersönlich** Hinweis: Wird ein Sachverhalt durch mehrere solcher semantischen Differentiale charakterisiert, dann lassen sich zur grafischen Auswertung durch Verbindung der Skalenpunkte daraus anschaulich Polaritätenprofile konstruieren.
Rangreihenbildung, Priorisierung	*„Auf welchen Feldern gibt es den größten Handlungsbedarf“?* *Bitte vergeben Sie Rangziffern von **1** (= sehr wichtig) bis **5** (= völlig unwichtig). Vergeben Sie jede Rangziffer nur einmal.*

	RANG ● *Information* --------------- ● *Kommunikation* --------------- ● *Personalauswahl* --------------- ● *Fortbildung* --------------- ● *Arbeitsplatzgestaltung* ---------------

Tab. 5: Skalentypen

XI. Länge, Aufbau und Formalia

1. Bei der möglichen **Länge des Fragbogens** geht es im Kern um die Frage, wie lange die Konzentration, das Interesse und die Neugier der Befragten aufrechterhalten werden kann. Dies hängt vor allem von drei Einflussfaktoren ab: Erstens von der **Zielgruppe**: Akademikern, die gewohnt sind, sich mit längeren Texten intensiv auseinanderzusetzen, können Sie längere Fragebögen zumuten, als einer handwerklich orientierten Hilfskraft. Zweitens von der **persönlichen Betroffenheit**: Wenn es um die *eigene Lebenssituation*, den *eigenen Arbeitsplatz* oder um *eigene Erfahrungen* geht, dann ist die Bereitschaft zur Beantwortung und intensiven Auseinandersetzung mit Fragen höher als bei Themen, die eher abstrakt sind oder/und nicht unmittelbar die eigene Lebenssituation betreffen. Drittens von der **thematischen Vielfalt und Abwechslung** im Fragebogen: Ein breiteres Themenspektrum wirkt aktivierender auf die Befragten als die zwanzigste kleinteilige Frage zu ihren Erfahrungen mit einem Produkt X (womit nicht gesagt werden soll, dass diese Fragestellung nicht sinnvoll sein kann).

Als absolute Obergrenze sollte man eine Bearbeitungsdauer von 40 Minuten in der Regel nicht überschreiten. Bei der Zahl der Fragen sollten 60–70 tendenziell das Maximum darstellen, zumindest wenn der Bogen auch offene Fragen enthält.

2. Der **Aufbau des Fragebogens** (= Dramaturgie) beeinflusst sehr stark, ob eine Person an der Befragung teilnimmt und sie dann auch bis zum Ende durchhält. Folgende Aspekte sind dabei wichtig.

Wählen Sie die **Einstiegsfrage** sorgfältig aus. Sie hat eine wichtige „Eisbrecherfunktion" und kann wichtige Ziele erfüllen:

- Weckung von Neugierde
- Steigerung der Antwortbereitschaft
- Vermittlung eines Erfolgserlebnisses
- Aufbau von Vertrauen

Geeignet könnte z. B. ein provokantes/interessantes Statement sein, das den Teilnehmer emotional aktiviert (z. B. *„Die Wehrpflicht sollte wieder eingeführt werden."*). Auf alle Fälle muss es eine leichte Frage sein, die jeder beantworten kann oder zu der jeder eine Meinung hat. Keiner startet gern mit dem Misserfolgserlebnis eines *„weiß nicht"*- Kreuzes in eine Befragung. Im Sinne des Vertrauensaufbaus sind am Anfang „heikle" Fragen zu vermeiden (z. B. Vermögensverhältnisse, Einschätzung von Kollegen/Führungskräften). Sie provozieren Abwehrhaltungen, weil sie der Befragte vielleicht als unangemessenes Eindringen in seine Privatsphäre wahrnimmt – zumindest, wenn sie als „Kaltstart" vorgelegt werden.

Für die **Platzierung der demografischen Items** gibt es die zwei Varianten „ganz am Anfang" und „ganz am Ende". Zu beiden Alternativen gibt es gewichtige Pro- und Contra-Argumente. Für eine Platzierung zu Beginn des Fragebogens spricht die Tatsache, dass es sich um „leichte Fragen" handelt, bei denen keine Person ein Misserfolgserlebnis hat. Für ein „Warming-up" sind demografische Items also bestens geeignet. Zudem senden Sie schon zu Beginn das Signal, dass die Person des Befragten im Mittelpunkt steht. Dies könnte die gefühlte Wertschätzung und damit die Teilnahmebereitschaft steigern. Es kann aber auch genau das Gegenteil eintreten, nämlich indem bei skeptischen Personen gleich zu Beginn Anonymitätsbedenken verstärkt werden und zu einem Bearbeitungsabbruch führen. Dieses Risiko ist bei einer Platzierung der demografischen Items am Ende eher gemildert. Nachdem die Teilnehmer über die Beantwortung der Fragen schon viel über sich, ihre Meinungen und Einstellungen preisgegeben haben, ist tendenziell ein vertrauteres Verhältnis entstanden. Zudem nutzt man die „Completition-Tendency". Menschen haben eine Tendenz, Dinge die sie begonnen haben, auch zu beenden. Beim Teilnehmer entsteht so die Einstellung, *„dass man es an diesen letzten paar Fragen* *nicht scheitern lassen will, nachdem man schon so viel Zeit in den Bogen investiert hat.“*

Die Entscheidung über die Platzierung von demografischen Items kann also nicht eindeutig getroffen werden. Tendenziell kann man sie am Anfang platzieren, wenn es nur wenige sind und diese auch eher als „wenig heikel“ empfunden werden (z. B. Geschlecht, Altersklasse, Wohnregion). Ein größeres Set an Demografiefragen, welches zudem Angaben enthält, die die Befragten als „sehr persönlich“ empfinden könnten (z. B. Konfession, Einkommensklasse, Parteizugehörigkeit), sind am Ende des Bogens besser aufgehoben. Es ist also eine Einzelfallentscheidung in Abhängigkeit von der Zielgruppe zu treffen. Nochmals zur Erinnerung: Fragen Sie nur nach solchen demografischen Daten, nach denen Sie auch auswerten wollen.

Fassen Sie die Fragen strikt nach **thematischen Blöcken** zusammen. Man kann für jeden Block auch eine Überschrift hinzufügen. Ein strikter roter Faden erleichtert dem Befragten das Hineindenken in Sachverhalte. Zwingen Sie die Teilnehmer keinesfalls zu unnötigen Gedankensprüngen.

Versuchen Sie innerhalb der Themenblöcke, aber auch mit Blick auf den gesamten Fragebogen, eine **Fragenreihenfolge** zu realisieren, die folgende Bewegungsrichtungen abbildet:

- einfach ➔ kompliziert
- vertraut ➔ unvertraut
- allgemein ➔ speziell

Sie führen den Befragten damit schrittweise in eine immer detailliertere intellektuelle Durchdringung der relevanten Sachverhalte.

Gute Fragebögen lassen das **Gefühl eines Gesprächs** entstehen. Dafür ist es hilfreich, wenn der Befragte immer wieder einmal eine kurze **persönliche Ansprache** erfährt. Dafür genügen oft 1–2 Sätze. Beispielsweise könnten Sie zwischen den einzelnen Themenblöcken Überleitungssätze formulieren: *„Sie haben sich jetzt sehr intensiv zu Vergütungsfragen geäußert. Lassen Sie uns nun zum Führungsverhalten Ihres Vorgesetzten kommen.“*

Schließen Sie die Befragung mit einer offenen **Schlussfrage** ab.

> Beispiel: *„Gibt es noch etwas, das Sie uns abschließend zum Themengebiet dieser Befragung oder zur Befragung selbst mitteilen möchten?"*

Möglicherweise erhalten Sie damit wichtige Zusatzinformationen, die für die Auswertung relevant sein könnten. Vielleicht werden Sie von den Teilnehmern auf fehlende Aspekte in den Antwortoptionen oder auf missverständliche oder schwierig zu beantwortende Fragen aufmerksam gemacht. Das sind wertvolle Hinweise für die Interpretation oder auch Hinterfragung der Ergebnisse. Erhalten Sie mehrere gleichlautende Hinweise auf problematische Items, dann kann dies auch Anlass sein, einzelne Fragen aus der Auswertung zu nehmen.

Bei einer Mitarbeiter- oder Kundenbefragung könnte man die Schlussfrage auch noch nutzen, um ganz global zusätzliche weitere Aspekte zu erfahren, die den Mitarbeitern oder Kunden „auf den Nägel brennen". Denn allzu häufig gibt es nicht die Möglichkeit, von einer größeren Zahl von Mitarbeitern oder Kunden gleichzeitig ein Feedback zu erhalten. Diese Chance sollte man nutzen.

> Beispiel: *„Gibt es noch etwas, das Sie uns abschließend über Ihr Arbeitsverhältnis (*oder:* unsere Produkte) mitteilen möchten?"*

3. Hinsichtlich der **Formalia** des Fragebogens gilt: „Das Auge isst mit!" Eine optisch gefällige Gestaltung steigert die Teilnahmebereitschaft. Wenn schon der erste Eindruck einfach nicht zur intensiven Beschäftigung mit dem Fragebogen einlädt, dann hat man nicht alle Stellschrauben für einen optimalen Rücklauf betätigt. Denken Sie an folgende Aspekte bei der Layoutgestaltung:

- Lesefreundlichkeit (z. B. Schriftgröße, Schrifttyp, Zeilenabstand, Seitenränder)
- Übersichtlichkeit
- Klare Trennung von Themenblöcken

- Einsatz von Farbdruck in angemessenem Umfang (falls finanzierbar) Logo des Auftraggebers und/oder der Hochschule; damit wird ein oft bestehender Vertrauensvorschuss für eine Organisation genutzt (sog. „Systemvertrauen").
- Ausreichend Platz für offene Fragen; dies hat Aufforderungscharakter.
- Einsatz von Piktogrammen (abhängig von Thema und Zielgruppe).

4. Zu den Formalia gehört auch das **Anschreiben**, das jedem Fragebogen vorangestellt sein sollte. Überzeugend, freundlich und persönlich formuliert, ist es ein wichtiges Instrument zur Rücklaufsteigerung. Stellen Sie das Untersuchungsziel klar, machen Sie einen möglichen Nutzen für die Befragten deutlich und bitten Sie in netter Form um Unterstützung. Unterschriften des Auftraggebers und von Ihnen geben dem Schreiben eine persönliche und authentische Note. Geben Sie auch Kontaktdaten an, unter denen Sie für Rückfragen zu erreichen sind. Die zentralen Bausteine eines Anschreibens sind stichwortartig in Abbildung 4 aufgelistet.

Abb. 4: Bestandteile eines Anschreibens zum Fragebogen

XII. Fragebogenlogistik

1. Unter dem Stichwort **Verteilungslogistik** geht es um die Frage, wie die Bögen zu den Teilnehmern kommen. Beurteilungskriterien für den Prozess sind Kosten, Zeitbedarf, Zuverlässigkeit der Zustellung und Wirkung auf die Teilnahmebereitschaft. Nachfolgend sind einige logistische Alternativen für das Papierformat samt kurzer, zusätzlicher Hinweise aufgelistet (Tab. 6). Prüfen Sie, welche davon für Sie in Frage kommen. Grundsätzlich kann man auch mehrere Logistikmethoden mischen.

Option	Hinweise
• Postversand	– Zusätzliche Bereitstellung adressierter und frankierter Rückumschläge steigert die Teilnahmebereitschaft. – Bei „Gebühr zahlt der Empfänger“ führt nur der tatsächliche Rücklauf zu Portokosten.
• Beileger	– Erhält die Zielgruppe regelmäßige Post vom Auftraggeber, der man dann den Fragebogen beilegen kann (z. B. Vergütungsabrechnung, Mitarbeiterzeitschrift)?
• Verteilung durch Vorgesetzte	– Möglichkeit zur zusätzlichen Erläuterung und werbenden Kommentierung durch die Führungskraft steigert den Rücklauf. – Befragte fühlen sich subtil unter Druck gesetzt und zweifeln an der Freiwilligkeit und Anonymität der Befragung.
• Auslage/Verteilung an zentralen Orten	– In Organisationen bieten sich besonders an: Ein- oder Ausgänge, Kantine, Foyer.
• Wahllokalmethode	– Innerhalb definierter Zeitfenster bekommen die Teilnehmer an einem definierten Ort die Bögen ausgehändigt, können sie in einer „Wahlkabine“ direkt ausfüllen und in eine versiegelte Box einwerfen. – Das Vorgehen ist rücklaufsteigernd. – Befragte fühlen sich subtil unter Druck gesetzt, da die Teilnahme/Nichtteilnahme sich anhand von Listen nachvollziehen lässt. Die Listenführung ist nötig, um mehrfache Teilnahmen einzelner Personen auszuschließen.

• Ausfüllen während Anwesenheitszeit	– Wenn sich die Zielgruppe regelmäßig an einem bestimmten Ort aufhält (z. B. Arbeitsplatz, Vorlesung, Unterricht, Sporttraining), dann kann die Verteilung und das Ausfüllen in einem definierten Zeitfenster für alle gemeinsam stattfinden. – Das Vorgehen ist rücklaufsteigernd. – Es besteht die Möglichkeit direkter Klärungen bei Ausfüllproblemen. – Gefühlter subtiler Druck (s.o.)

Tab. 6: Alternative Wege der Verteilungslogistik für Fragebögen

2. Bei der **Rücklauflogistik** geht es um die Frage, wie die ausgefüllten Bögen zurück zum Auswerter kommen (Tab 7).

Option	Hinweise
• Postalisch an Auftraggeber der Befragung	– Speziell bei Mitarbeiterbefragungen existieren Anonymitätsbedenken der Teilnehmer.
• Postalisch an neutrale externe Adresse	– Geringere Anonymitätsbedenken der Teilnehmer – Klärung, ob ein Postfach an der Hochschule für den Fragebogenrücklauf möglich ist.
• Entgegennahme durch Vorgesetzte	– Anonymitätsbedenken – Subtiler Teilnahmedruck
• Entgegennahme durch den Auswerter	– Zeitaufwändige Lösung – Wegen definierter Zeitfenster wenig Flexibilität für die Teilnehmer
• Versiegelte Rückgabeboxen an zentralen Orten	– In Organisationen bieten sich besonders an: Ein- oder Ausgänge, Kantine, Foyer. – Der Aufstellort sollte blickgeschützt sein.

Tab. 7: Alternative Wege der Rücklauflogistik für Fragebögen

XIII. Rücklaufsicherung

In Abwandlung eines alten Spruchs über Gerichte könnte man sagen „*Auf hoher See und bei den Rücklaufquoten ist man in Gottes Hand.*“. Na ja, nicht ganz. Zwar ist die Erzielung einer guten **Rücklaufquote** in den letzten Jahren nach meiner Einschätzung schwieriger geworden, da bei vielen Menschen aufgrund der vielen Umfragen, Telefoninterviews, angeforderten Produktbewertungen etc. eine gewisse „Befragungsmüdigkeit“ eingesetzt hat. Vielfach ist man schon mit einer Rücklaufquote von 10% zufrieden, aber bei Mitarbeiterbefragungen und/oder bei starker persönlicher thematischer Betroffenheit der Befragten, sollte der Anspruch schon ein wenig höher sein. Sie müssen sich zumindest sicher sein, dass Sie alle wichtigen Stellschrauben für einen guten Rücklauf konsequent betätigt haben. Dann kann man Ihnen eine schwache Beteiligung auch nicht zum Vorwurf machen. Was also könnten Sie alles tun?

1. Wichtig ist zunächst eine **frühzeitige und intensive Information** der Zielgruppe über die Befragung. Dabei müssen Ziel, Inhalt und genauer Ablauf der Befragung präzise und unmissverständlich deutlich werden. Es sollte dabei auch herausgestellt werden, welchen Nutzen die Teilnehmer möglicherweise von der Befragung haben (z. B. Verbesserung Dienstleistung, Produkte, Arbeitsbedingungen; Einflussnahme auf Veränderungsprozesse). Liegt dieser nicht so ganz klar auf der Hand, dann kann man als Studierender immer noch um *„Unterstützung bei einem wichtigen Forschungsvorhaben oder bei einer erfolgreichen Anfertigung der Abschlussarbeit“* bitten und so ein wenig an die Hilfsbereitschaft der Menschen appellieren. Ein einmaliger Informationsakt reicht im Vorfeld allerdings nicht aus. Dafür ist Ihre Befragung in der Regel nicht bedeutsam genug. Es gilt also, mehrere Informationsstimuli zu setzen. Mitunter liest man von der Faustformel, dass im Vorfeld von Befragungen 5 Kontakte optimal sind. Nehmen wir es nicht so genau, aber mehrere sollten es schon sein.

2. Sie sollten vor Befragungen ein möglichst **vielfältiges Set an Informations-/Kommunikationsmedien** einsetzen. Das können einseitige Medien (= Rückfragen/Diskussion nicht möglich), aber auch zweiseitige Medien sein, die eine wechselseitige Kommunikation ermöglichen. Tabelle 8 listet einige Anregungen auf. Überlegen Sie, was sich in Ihrem konkreten Befragungsumfeld noch alles anbieten könnte.

Einseitig	Zweiseitig
• Plakate • Mitarbeiterzeitschrift • Pressemitteilungen • Broschüren, Flyer • Intranet • Email, Newsletter • Aushänge	• Abteilungsmeeting • Betriebsversammlung • Info-Hotline • Info-Messen • Workshops • Social Media

Tab. 8: Informations-/Kommunikationsmedien für Befragungen

3. Auf der Basis einer Rücklaufkontrolle könnten Sie nach einer angemessenen Wartezeit **Nachfassaktionen** durchführen. Die Zielgruppe wird dann postalisch, telefonisch, per Email oder persönlich an die Befragung erinnert. Das führt natürlich zu Zeit- und Kostenaufwand. Ob er lohnenswert ist, muss im Einzelfall abgewogen werden. Durch Nachfassaktionen kann man auf eine Rücklaufsteigerung um 10–15% hoffen. Wenn man organisatorisch nicht feststellen kann oder will, wer schon geantwortet hat und wer nicht, dann haben Nachfassaktionen den unschönen Nebeneffekt, dass auch diejenigen nochmals kontaktiert werden, die den Bogen schon bearbeitet haben.

4. Ein **motivierend formuliertes Anschreiben** (s. a. Kap. XI) ist ein wichtiger Baustein der Rücklaufsicherung. Halten Sie es möglichst persönlich und schließen es nach Möglichkeit mit Originalunterschriften ab. Dies zeigt ihr persönliches Engagement, genauso wie die **Angabe einer Telefonnummer und einer Email-Adresse**, unter der sie *„stets für Rückfragen und Auskünfte erreichbar"* sind. Keine Angst, Sie müssen nicht um Ihre Nachtruhe fürchten. In aller Regel kommen hier äußerst wenige bis keine Kontaktwünsche. Trotzdem entfaltet ein solches Angebot seine Wirkung auf der psychologischen Ebene und verschafft Ihnen einen Sympathiebonus.

5. Falls finanzierbar, kann man auch an ein **Gewinnspiel** oder eine **Verlosung** denken, an der die Rücksender automatisch teilnehmen. Der Einsatz solcher Incentives ist allerdings umstritten. Er kann dazu führen, dass die Teilnehmer sich nicht ernsthaft mit dem Fragebogen auseinandersetzen, sondern nur einen schnellen, unreflektierten „Kreuzchenabwurf" praktizieren, um sich eine Gewinnchance zu sichern. Sie hätten dann einen erhöhten Rücklauf gegen eine Verschlechterung der Ergebnisqualität eingetauscht. Alternativ kann man auch über die Auslobung einer **Spende** je zurückgesandtem Fragebogen an eine konkret benannte soziale/karitative Einrichtung denken. Bei manchen Zielgruppen ist dieser subtile Appell an ihren Altruismus wirkungsvoller als eine persönliche Gewinnchance.

6. Das Angebot, nach der Datenauswertung **eine Information über die Ergebnisse** zugänglich zu machen, kann für Teilnehmer attraktiv sein, die sich davon persönlichen Erkenntnisgewinn versprechen. Die Informationszusendung kann in ausführlicher oder zusammengefasster Form, postalisch, per Email oder per Zugangscode auf einer Homepage erfolgen. Dieses Angebot muss selbstverständlich mit dem Auftraggeber der Studie abgesprochen sein. Denn möglicherweise möchte er die Ergebnisse exklusiv für sich nutzen.

XIV. Pilotbefragung

Eine **Pilotbefragung (= Pretest)** ist ein absolut unverzichtbarer Bestandteil einer Fragebogenuntersuchung! Ehe die Bögen ausgesandt werden, müssen sie einem ernsthaften Bewährungstest unter Echtbedingungen unterzogen werden. Das gibt Ihnen die Chance, Fehler im Fragebogen zu beseitigen und notwendige Verbesserungen vorzunehmen. Das Ziel eines Pretests ist insbesondere die Prüfung des Bogens auf die Kriterien

- Verständlichkeit
- Eindeutigkeit
- Vollständigkeit

Dazu müssen die Kandidaten möglichst ähnliche Merkmale zur Zielgruppe aufweisen (z. B. Wortschatz, Bildungshintergrund, Lebensmilieu). Es macht also nicht immer Sinn, den einfachsten Weg zu gehen und Kommilitonen, Freunde oder Familienmitglieder als Teilnehmer der Pilotbefragung zu rekrutieren. Optimal wären Pretestteilnehmer aus der Zielgruppe. Das hat den Vorteil, dass Sie die Ergebnisse auch im Rahmen der Auswertung berücksichtigen können – allerdings nur, wenn nach dem Pretest keine gravierenden Veränderungen am Fragebogen vorgenommen werden müssen. Das Risiko von Pretestern aus der späteren Zielgruppe ist, dass Inhalte der Fragebögen vorab bekannt werden können. Man muss im Einzelfall entscheiden, ob das ein Problem darstellt. Je mehr Pretester Sie einsetzen, umso besser sind tendenziell die Optimierungschancen für Ihren Fragebogen. Eine sinnvolle Anzahl für den Pretest liegt zwischen 5 und 10 Teilnehmern.

Nachfolgend sind die wichtigsten Fragen stichwortartig aufgelistet, denen im Rahmen einer Pilotbefragung kritisch nachgegangen werden muss (Abb. 5). Sie könnten die Liste auch nutzen, um daraus einen kurzen Fragebogen zu konstruieren, den Sie der Pretest-Gruppe nach der Fragebogenbearbeitung vorlegen. In einer offenen Gesprächsrunde könnte sie als Interviewleitfaden dienen. Über diesen Weg stellen Sie auf alle Fälle eine systematische Auswertung der Pilotbefragung sicher. Wichtig: Im Rahmen Ihrer wissenschaftlichen Arbeit müssen Sie natürlich auch über die Ergebnisse des Pretests berichten. Was wurde im Bogen warum verändert?

Abb. 5: Analysekriterien für Pretests

XV. Auswertung und Ergebnispräsentation

Ob sich der Aufwand für eine empirische Untersuchung für Sie und Ihren Auftraggeber gelohnt hat, hängt – neben dem Neuigkeitswert der Ergebnisse und der Rücklaufquote – auch von der Auswertungsqualität und der Art der Ergebnisdarstellung ab. Um es in der Fußballersprache zu sagen: Sie haben ein langes Dribbling über das gesamte Feld gemacht, jetzt *„muss das Runde in das Eckige"* (für die Nicht-Fußballer: *„der Ball ins Tor"*). Sonst waren große Teile der Mühen vorher vergeblich. Die Auswertung ist die Krönung eines langen und intensiven Arbeitsprozesses. Es lohnt sich also, intensiv über eine **überzeugende Auswertung und Ergebnispräsentation** nachzudenken. Es sei hier nochmals erwähnt, dass sich dieses Buch nur auf Basishinweise beschränken kann. Sind spezielle Methoden der mathematisch-statistischen Datenanalyse gefordert, dann benötigen Sie dazu einschlägige Spezialliteratur.

1. Eine gelungene Auswertung und Ergebnispräsentation besteht im Minimum aus folgenden **drei Bestandteilen**:

- Ergebnisdarstellung
- Ergebnisinterpretation
- Ableitung von Schlüssen/Handlungsempfehlungen

Beschränken Sie sich also bei der Auswertung keinesfalls nur auf eine rein deskriptive Ergebnisdarstellung nach dem Muster *„24,8% haben mit „ja", 65,2% mit „nein" und 10% mit „bin unentschlossen" geantwortet"*. Das ist nur „simpelstes Nasenzählen". Die Ergebnisse müssen zumindest mit Hilfe einfacher statistischer Maßzahlen (s.u.) näher beschrieben und analysiert werden. Zusätzlich könnten Sie einzelne Fragen zur näheren Analyse mit dem Verfahren der Kreuztabellierung (s.u.) zueinander in Beziehung setzen. An die Darstellung der Ergebnisse schließt sich eine Interpretation der Befunde an. Und schlussendlich will der Auftraggeber auch wissen, was die Ergebnisse nun für ihn bedeuten. Welche Schlüsse sind aus ihnen zu ziehen? Welche Handlungsempfehlungen bieten sich an?

Ob Sie die drei Schritte *„Ergebnisdarstellung – Ergebnisinterpretation – Schlüsse/Handlungsempfehlungen"* nun je Frage oder Fragenkomplex direkt hintereinander abarbeiten oder die drei Blöcke gliederungstechnisch trennen, kann nur im Einzelfall entschieden werden. Beides sind zulässige Wege. Orientieren Sie sich bei Ihrer Entscheidung daran, welche Option platzsparender und für den Leser leichter nachvollziehbar ist. Eine Behandlung direkt nacheinander bietet dem Leser einen sehr organischen roten Faden, zerreißt aber möglicherweise den Fragebogen sehr stark und führt bei Aussagen zur Ergebnisinterpretation und zu den Schlüssen bzw. Handlungsempfehlungen zu vielen Wiederholungen. Eine gliederungstechnische Trennung der drei Blöcke ermöglicht eher kompakte, zusammenfassende Darlegungen bei Interpretation und Schlüssen oder Handlungsempfehlungen. Sie fordert aber auch das Erinnerungsvermögen des Lesers sehr stark und erzwingt dann eventuell wiederholende Rückgriffe auf bereits Dargestelltes nach dem Muster *„Da sich, wie bereits dargestellt, 63,5% bei dieser Frage zustimmend geäußert haben, ...“*. Der mögliche Kompaktheitsvorteil wäre dann schnell wieder verspielt.

2. Welche **Maßzahlen zur Datenauswertung** können Sie einsetzen? Sie sollen nachfolgend an einem konkreten Zahlenbeispiel vorgestellt werden. Nehmen wir an, N=389 Teilnehmer haben die Frage nach der Zufriedenheit in ihrem Arbeitsverhältnis mit folgender Verteilung beantwortet:

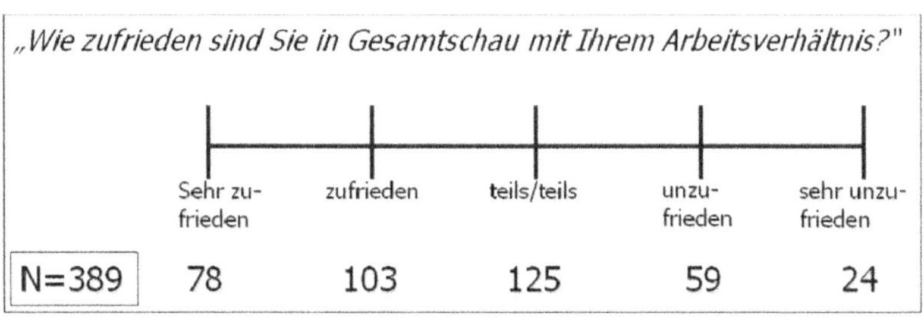

Die **absolute Häufigkeit** gibt die Besetzung einer Klasse bzw. eines Skalenpunkts wieder (z. B. *„103 Mitarbeiter sind zufrieden.“*).

Die **relative Häufigkeit** gibt die Besetzung einer Klasse bzw. eines Skalenpunkts in Relation zur Größe der Stichprobe N an (z. B. *„26,5% der Mitarbeiter sind zufrieden“*; Rechenoperation: (103:389) × 100).
Es kommt immer wieder vor, dass Teilnehmer einzelne Fragen nicht beantworten. In diesem Fall müssen Sie natürlich die Stichprobengröße N ent-

sprechend nach unten korrigieren, damit die errechneten Prozentwerte richtig sind. Kommen solche Beantwortungsausfälle häufiger vor, dann ist es sinnvoll, die Stichprobengröße bei jeder Frage einzeln zu vermerken.

Bei der **kumulierten Häufigkeit** wird die Besetzung von Klasse bzw. Skalenpunkten bis zu einem bestimmten Wert aufaddiert (z. B. *„306 (= 78,7%) der Mitarbeiter sind mindestens teilweise zufrieden.“*). Man kann sowohl absolute, als auch relative Häufigkeiten kumulieren.
Die Angabe von kumulierten Häufigkeiten ist sinnvoll, wenn man eher kompakt und überblicksartig über Ergebnisse berichten will. Man sollte sich aber bewusst sein, dass man durch diese Berichtsform an Informationsgenauigkeit verliert. Ein anderes Motiv kann sein, dass man Probleme (oder Nicht-Probleme) schärfer herausarbeiten will. Wenn z. B. 91,3% der Mitarbeiter ihre Büroausstattung *„mindestens als gut“* beurteilen, dann muss man sich diesem Aspekt nicht mehr vertieft zuwenden.

Die Berechnung des **arithmetischen Mittelwerts** ist in vielen Fällen absolut unverzichtbar! Machen wir es an einem konkreten Beispiel deutlich und nehmen an, Sie hätten die Teilnehmer neben der Zufriedenheit mit ihrem *Arbeitsverhältnis* (s.o.) auch nach der Zufriedenheit mit ihrem Privatleben gefragt. Herausgekommen sind folgende Ergebnisse:

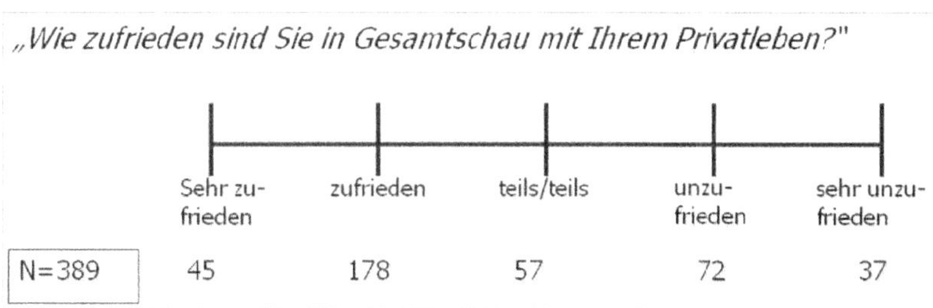

Sind die Befragten nun mit ihrem Arbeitsverhältnis oder mit ihrem Privatleben zufriedener? Können Sie die beiden Ergebnisse direkt vergleichen? Wohl nicht! Und nun stellen Sie sich vor, Sie hätten z. B. in einer Arbeitszufriedenheitsbefragung die Zufriedenheit von 15 Aspekten der Arbeitssituation abgefragt und berichten nun zu jeder Frage die Ergebnisse auf einer 5er-Skala. Wenn sich nicht sehr eindeutige Zufriedenheits- oder Unzufriedenheitsaussagen ergeben haben, kann der Leser aufgrund dieses Datenwustes nur sehr schwer entscheiden, bei welchen Aspekten der Arbeitssituation prioritär gehandelt werden muss. Sie müssen also die Skalenwerte verdichtend vergleichbar machen. Genau das leistet die Berechnung des Mittelwerts. Dazu müssen Sie die Skalenpunkte in Zahlenwerte von 1–5 codieren und dann mit den Häufigkeiten der Skalenpunkte multiplizieren. In unserem Beispielsfall ergibt sich also folgende Rechenoperation für den Mittelwert M:

$$M = (78 \text{ x } 1 + 103 \text{ x } 2 + 125 \text{ x } 3 + 59 \text{ x } 4 + 24 \text{ x } 5) : 3{,}89 = \mathbf{2{,}61}$$

Am Rande für die Neugierigen: Der Mittelwert für die Zufriedenheit mit dem Privatleben beträgt 2,69. Die Teilnehmer sind also mit Arbeit und Privatleben nahezu gleich zufrieden.

Wenn Sie mehrere Mittelwerte gleichgelagerter Fragen – etwa die 15 Zufriedenheitsaspekte mit der Arbeitssituation – errechnet haben, dann gibt Ihnen das die Möglichkeit, die Ergebnisse optisch sehr ansprechend über ein „Polaritätenprofil“ darzustellen (siehe Abb. 6). Mit einem Blick wird dann sofort deutlich, bei welchen Aspekten der Arbeitssituation die Befragten besonders zufrieden oder unzufrieden sind. Solche Abbildungen kann man natürlich gerade in Ergebnispräsentationen zur Informationsverdichtung einsetzen. Denn gerade im mündlichen Vortrag sind die Zuhörer von zu vielen Zahlen schnell überfordert.

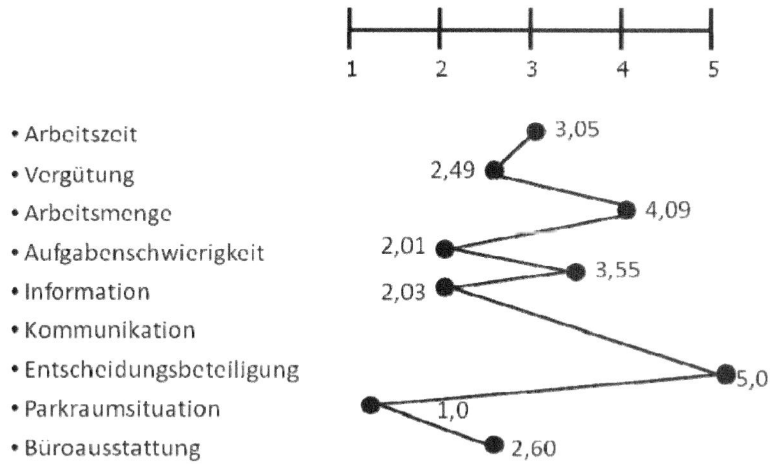

Abb. 6: Polaritätenprofil (Prinzipdarstellung)

Der **Modalwert (= Modus)** gibt die Klasse bzw. den Skalenpunkt mit der häufigsten Besetzung an. Im Beispiel wäre das die Antwort „teils/teils" mit 125 Nennungen. Mitunter ist es von Interesse zu wissen, auf welche Antwort sich die meisten Teilnehmer festlegen.

Der **Median (= Zentralwert)** ist die Klasse bzw. der Skalenpunkt, der die Antwortverteilung in zwei gleich große Hälften teilt. 50% der Antworter *über*schreiten diesen Wert nicht; 50% *unter*schreiten ihn nicht. Zur Ermittlung kumulieren Sie die Antworten und schauen, in welche Klasse bzw. auf welchen Skalenpunkt die Hälfte der Stichprobe fällt. Im Beispiel ist das der Skalenpunkt *„teils/teils"* (Rechenoperation: 389 : 2 = 194,5).

Da die Berechnung eines Mittelwertes immer einen Informationsverlust bedeutet und eine Antwortverteilung nur unzureichend, manchmal auch irreführend beschreibt (alter Statistikerspruch: *„Mit dem Hintern auf der heißen Herdplatte, mit den Füßen im Eiswasser, dann hat man im Mittel eine Wohlfühltemperatur."*), benötigt man **Streuungsmaße**. Sie zeigen auf, wie stark die erhobenen Ergebnisse um einen Mittelwert streuen.

Nehmen wir an, Sie ermitteln in einer Belegschaft von 100 Mitarbeitern das Durchschnittsalter und kommen auf *„40 Jahre"*. Hinter diesem Mittelwert können sich ganz unterschiedliche Realitäten verbergen. So könnte sich ein Mittelwert von „40 Jahren" etwa dadurch ergeben, dass

- alle Mitarbeiter exakt 40 Jahre alt sind,
- 50 Mitarbeiter 20 Jahre und weitere 50 Mitarbeiter 60 Jahre alt sind,
- je 20 Mitarbeiter 20, 30, 40, 50, 60 Jahre alt sind.

Es ist offensichtlich, dass die Handlungskonsequenzen, die sich aus diesen Altersstrukturen in einem Unternehmen ergeben würden, völlig unterschiedlich sind.

Bei der Maßgröße **Spannweite** berechnet man die Differenz zwischen dem größten und dem kleinsten Wert in der Antwortverteilung bzw. bei der Besetzung der Skalenpunkte. Es kann durchaus von Interesse sein, ob sich die Befragten bei der Beurteilung eines Sachverhaltes *„sehr stark einig"* sind oder die Einzelbewertungen sehr stark streuen. Es kann für die Interpretation der Ergebnisse einen Unterschied machen, ob sich z. B. bei einer Arbeitszufriedenheitsbefragung einige Mitarbeiter als *„sehr zufrieden"* oder *„sehr unzufrieden"* äußern, oder ob diese extremen Skalenpunkte überhaupt nicht gewählt wurden. In unserem Beispiel haben wir eine Spannweite von 5, d. h. die Antworten decken alle Skalenpunkte ab.

Mit der **Standardabweichung** wird berechnet, um wie viel im Durchschnitt jede *einzelne* Antwort von einem errechneten Mittelwert über *alle Antworten* abweicht. Würde man dies für jeden einzelnen Wert ermitteln, dann hebt sich die Summe aller positiven und negativen Abweichungen vom Mittelwert gegeneinander auf und man erhält einen Wert von Null. Daher geht man rechentechnisch einen anderen Weg. Die Abweichungen werden quadriert und man zieht dann aus der Summe der Abweichungen die Wurzel. Als Formel für die Standardabweichung S ergibt sich daher:

$$S = \sqrt{\frac{\Sigma\ (\overline{x} - x_i)^2}{n}}$$

<u>Legende:</u> $\overline{x}$ = Mittelwert der Verteilung
x_i = Einzelwert der Verteilung

Für unseren Beispielsfall errechnet sich damit eine Standardabweichung von S = 1,15 nach folgender Berechnung:

Bsp.:

$$s = \sqrt{\frac{78 \times (2{,}61-1)^2 + 103 \times (2{,}61-2)^2 + 125 \times (2{,}61-3)^2 + 59 \times (2{,}61-4)^2 + 24 \times (2{,}61-5)^2}{389}}$$

$$= \sqrt{\frac{510{,}60}{389}} = \underline{\mathbf{1{,}15}}$$

Jeder einzelne Befragte weicht also mit seiner Antwort im Durchschnitt 1,15 Einheiten vom Mittelwert aller Befragten ab. Die Standardabweichung signalisiert hier also bei einer 5er-Skala eine recht große Streuung der Einzelwerte.

Überlegen Sie, ob und für welche Fragen die Berechnung der Standardabweichung sinnvoll ist. Vielfach wird sie wichtige Zusatzinformationen für die Interpretation der Ergebnisse liefern.

3. Eigentlich ist es eine Selbstverständlichkeit, aber trotzdem noch einmal ganz deutlich: Lassen Sie bei der Datenauswertung **maximale Sorgfalt** walten. Dies beginnt mit der Eingabe der Daten in ein Analyseprogramm oder in Excel und hört bei der Berechnung von Parametern von Hand auf. Stellen Sie sich vor, ein Auftraggeber der Studie rechnet stichprobenartig z. B. einige Mittelwerte nach und stößt auf Fehler. Die psychologische Wirkung ist verheerend! Das Vertrauen in die Richtigkeit der ganzen Studie ist erschüttert, wenn nicht sogar zerstört. Punktuelle Sorgfaltsmängel können die positive Bewertung eines aufwendigen und langen Arbeitsprozesses „in Sekunden zunichtemachen".

4. Oft wird es sinnvoll sein, einzelne Fragen nicht nur isoliert auszuwerten, sondern zwei Fragen miteinander in Beziehung zu setzen. Hier haben Sie mit der **Kreuztabelle (= Kontingenztabelle)** ein gutes Instrument zur Hand. Sie werden sie immer dann einsetzen, wenn Sie die Vermutung haben, dass eine bestimmte Teilgesamtheit der Stichprobe eine bestimmte

Frage deutlich anders beantwortet hat, als eine andere Teilgesamtheit. Hinter der Analyse über eine Kreuztabelle steht also immer eine bestimmte Hypothese. Die Auswertung macht allerdings nur Sinn, wenn Sie aus den aufgedeckten Unterschieden auch wirklich einen wichtigen Erkenntnisnutzen ziehen können.

Wir könnten uns in unserem Beispiel z. B. dafür interessieren, ob die Zufriedenheitsfrage je nach Geschlecht, nach Altersgruppe oder Dauer der Betriebszugehörigkeit unterschiedlich beantwortet wurde. Sinnvoll könnte es auch sein, die Frage nach der *„Gesamtarbeitszufriedenheit"* in Beziehung zur *„Zufriedenheit mit der Mitarbeiterführung"* zu setzen. Sind mit der Mitarbeiterführung Unzufriedene auch mit dem gesamten Arbeitsverhältnis besonders unzufrieden? Oder zeigen sich hier keine Parallelen?

In der nachfolgenden Tabelle 9 wird beispielhaft eine Kreuztabellierung zwischen den Zufriedenheitswerten aus unserem Beispielsfall und unterschiedlichen Dauern der Betriebszugehörigkeit gezeigt. Die Ergebnisse signalisieren sehr klar eine hohe Zufriedenheit von Mitarbeitern mit geringer Betriebszugehörigkeit und eine deutliche Verschlechterung mit steigender Betriebszugehörigkeit.

Betriebszugehörigkeit (in Jahren) ➔ **Zufriedenheit ⬇**	**< 1**	**1–5**	**6–10**	**11–15**	**> 15**	**∑**
sehr zufrieden	35	15	12	8	8	**78**
zufrieden	20	23	42	10	8	**103**
teils/teils	9	34	29	27	26	**125**
unzufrieden	1	5	8	21	24	**59**
sehr unzufrieden	0	0	4	4	16	**24**
∑	**65**	**77**	**95**	**70**	**82**	***389***

Tab. 9: Beispiel für Kreuztabellierung

5. Im Hinblick auf die **Art der Ergebnisdarstellung** haben Sie im Grundsatz drei Optionen, die Sie auch miteinander kombinieren können. Leitend für die Auswahl der Darstellungsoption sind die Kriterien

- Platzbedarf
- Erforderlicher Detailierungsgrad der Darstellung
- Nutzerfreundlichkeit
- Aufnahmefähigkeit des Lesers

Eine Präsentation der Ergebnisse in **Textform** ist besonders für eher kürzere Fragebögen und wenig komplexe Zusammenhänge geeignet. Sie ermöglicht gut eine zusammenfassende und übersichtsartige Ergebnisdarstellung. Man kann diese Form auch wählen, wenn man einen größeren Anhang einsetzt. Komprimierte Ergebnisse werden dann im Hauptteil vorgestellt, detaillierte im Anhang. Textliche Darstellungen überfordern aber auch schnell das Aufnahmevermögen des Lesers. Eine detaillierte Präsentation mit konkreten Skalenbesetzungen von 50 Fragen über 30 Seiten Text kann auch der konzentrierteste Leser nicht mehr verarbeiten.

Eine Darstellung in **Grafikform** (z. B. Tortendiagramme, Balkendiagramme u.v.m.) ist für den Leser sehr anschaulich und zentrale Informationen sind „auf einen Blick" erfassbar. Farbeinsatz sollte, auch wenn er zu etwas höheren Kosten führt, selbstverständlich sein. Farben geben der gesamten Arbeit ein optisches Plus und eine bessere Qualitätsanmutung. Sie wissen schon: *„Das Auge isst mit"*. Achten Sie aber darauf, dass die Farben gut unterscheidbar sind. Diagramme, bei denen die Balken oder Segmente optisch kaum zu trennen sind, sind für den Leser eine Zumutung! Selbiges gilt für Schrift auf der Grafik, die mangels Kontrast kaum zu entziffern ist.
Der Nachteil von Grafiken ist, dass sie einen vergleichsweise großen Platzbedarf haben. Bei einer limitierten Seitenzahl muss man sich also sehr genau überlegen, wie viele Grafiken man „sich leisten" kann, ohne dass andere wichtige Informationen „auf der Strecke bleiben".

ACHTUNG: Begehen Sie bitte bei der Kombination von Textdarstellungen und Grafiken nicht einen häufig anzutreffenden Fehler: Im Text werden verbal noch einmal genau die gleichen Informationen präsentiert, die der Leser mit hoher Exaktheit schon der Grafik entnehmen konnte (*z. B. „27,2% äußerten sich weniger zufrieden mit der Länge ihrer Arbeitszeiten"*). Das ist dann komplett redundant und reine Platzverschwendung. Sie können dem Leser zutrauen, dass er eine korrekt aufgebaute Grafik ohne weitere Ausführungen für sich entschlüsseln kann. Eine zusätzliche Darstellung muss immer auch zusätzliche Informationen transportieren!

Ergebnisdarstellungen in **Tabellenform** bieten die Möglichkeit, auf engstem Raum viele Informationen unterzubringen. Eine große Anzahl an Ergebnissen kann samt den konkreten Skalenbesetzungen, den zugrundeliegenden Fragen und berechneten Lage- und Streuungsparameter systematisch präsentiert werden. Insbesondere wenn Platz ein „knappes Gut" ist, sollten Sie über eine pfiffige Tabellengestaltung nachdenken. Mit zusätzlichem Farbeinsatz für einzelne Spalten und/oder Zeilen können Sie dem Leser eine optische Strukturierungshilfe geben. Die nachfolgende Tab. 10 zeigt ein mögliches Beispiel.

Frage	**Skala**					**M**	**S**
	sehr zufrieden	zufrieden	teils/ teils	eher unzufrieden	sehr unzufrieden		
1. Wie zufrieden sind Sie mit Ihren Arbeitszeiten? (N =389)	20,1% (78)	26,5% (103)	32,1% (125)	15,2% (59)	6,2% (24)	**2,61**	**1,15**
2. …							
3. …							
4. …							
Legende: M = Mittelwert; S = Standardabweichung							

Tab. 10: Ergebnisdarstellung in Tabellenform

6. Achten Sie bei der Darstellung auf einen **hohen Lesekomfort**. Dafür sollten Sie auf alle Fälle drei Empfehlungen umsetzen.

Erstens: Geben Sie bei allen Ergebnisdarstellungen immer auch noch einmal die zugrundeliegende **Frage in Originalformulierung** mit an. Man kann sie einer Auswertung in Textform in einem Kasten voranstellen und bei grafischen oder tabellarischen Auswertungen (s.o.) in die Grafik oder Tabelle mit einbauen. Der Leser muss die exakte Fragenformulierung präsent haben, damit er die Ergebnisse für sich einordnen und bewerten kann. Es ist ihm nicht zuzumuten, ständig in den Fragebogen im Anhang blättern zu müssen. Keinesfalls darf es passieren, dass der Leser unsicher ist, zu welcher Frage er jetzt gerade die Ergebnisse liest. Schaffen Sie hier also bitte eindeutige Ordnung und liefern Sie die Fragenformulierung immer mit.

Zweitens: Geben Sie immer **Prozentwerte und absolute Werte** zusammen an. Es beansprucht im Text, in einer Grafik oder Tabelle nur unwesentlich mehr Platz z. B. zu schreiben *„26,5% (103)"*. Gerade bei kleineren Stichproben muss der Leser zur besseren Einordnung der Ergebnisse immer orientiert sein, wie viele Köpfe sich denn hinter z. B. *„75%"* verbergen.

Drittens: Wenn Sie Teile der Auswertungen in den **Anhang** ausgelagert haben, dann nehmen Sie bitte **seitengenaue Verweise** vor. Es ist nämlich eine Zumutung, mit dem Verweis *„siehe Anhang 3"* dort auf einen Anhang mit 30 Seiten zu treffen, in dem man sich permanent selbst zur richtigen Stelle „durchfummeln" muss.
Wenn Sie für eine perfekte Integration von Hauptteil und Anhang „ein Sonderlob abgraben" wollen, dann denken Sie doch einmal über einen ausklappbaren Anhang nach, so dass der Leser Hauptteil und Grafiken/Tabellen des Anhangs nebeneinanderliegen hat. Dazu müssen Sie für den Anhang lediglich Papier im Format DIN A3 verwenden, dieses dann nur auf der rechten Hälfte bedrucken und dann mittig in ihre Arbeit falten. Ihr Buchbinder berät Sie bestimmt bei der Umsetzung.

7. Berechnete **Lage- und Streuungsparameter** müssen bei der Argumentation genutzt werden. Wenn Sie im Rahmen Ihrer Auswertungen Mittelwerte, Mediane, Standardabweichungen etc. berechnet haben, dann müssen Sie diese bei der Ergebnisdarstellung und -interpretation auch einsetzen. Es macht wenig Sinn, solche Parameter zu berechnen, dann aber bei den weiteren Ausführungen nicht auf sie zurückzugreifen. Man hätte dann reine „Datenleichen" produziert.

8. Bei der **Auswertung von offenen Fragen** sind drei Schritte erforderlich. In einem **ersten Schritt** müssen Sie eine sorgfältige **Interpretation** der Antwort vornehmen. Was hat der Befragte gemeint? Das ist mitunter nicht so einfach. Antwortet etwa ein Teilnehmer auf die Frage *„Was gefällt Ihnen nicht an Ihrem Arbeitgeber?"* mit der Aussage *„Zu wenig Beteiligung"*, dann muss möglicherweise offenbleiben, ob damit *„Entscheidungs-*

beteiligung" oder *„Erfolgsbeteiligung"* gemeint ist. Lässt sich das aus dem Kontext nicht hinreichend klären, dann sollten Sie solche Antworten einer Rubrik „unklare Aussagen" zuordnen, um Ergebnisverfälschungen zu vermeiden.

Im **zweiten Schritt** erfolgt eine **Clusterbildung** für die Aussagen. Das bedeutet, dass Sie tendenziell gleichartige Antworten zu Gruppen zusammenfassen. Die Gruppierung erfolgt nach dem Prinzip, dass sich die Aussagen innerhalb der Cluster sehr ähnlich sind, zwischen den Clustern aber ein möglichst trennscharfer Unterschied besteht. Damit können Sie sprachlich differierende Antworten zusammenfassend auf eine einzige Antwortkategorie verdichten. So könnten z. B. bei einer allgemeinen Befragung zur Arbeitszufriedenheit alle von den Befragten geäußerten Kritikpunkte zu Büromöbeln und Arbeitsmaterialien in einem Cluster *„Unzureichende Arbeitsausstattung"* einsortiert werden.

Im **dritten Schritt** erfolgt eine **Häufigkeitsfeststellung** für die Aussagen im Cluster. Überraschenderweise machen Studierende bei der Ergebnisdarstellung immer wieder den Fehler, nur das Cluster zu benennen, berichten aber nicht, wie viele Einzelaussagen sich dahinter verbergen. Es ist für den Auftraggeber der Befragung natürlich höchst relevant, ob sich nur 2 Befragte oder 18 über unbequeme Büromöbel beschweren. Haben Sie nicht konsequent eine Strichliste geführt, dann lassen sich die Einzelantworten im Nachhinein nur mit großem Aufwand rekonstruieren. Sie müssen dann jeden Fragebogen nochmals zur Hand nehmen. Da Ihre Clusterbildung überprüfbar sein sollte, ist es sowieso am besten, wenn Sie die Cluster samt zugeordneten Einzelantworten im Anhang beifügen.

9. Im Rahmen der **Ergebnisinterpretation** versuchen Sie zu erklären, „warum die Ergebnisse so sind, wie sie sind". Sie sollen hier gut begründete (!) Erklärungen für die Befunde liefern, Hypothesen aufstellen und Vermutungen anstellen. Dabei können Sie die Ergebnisse

- an theoretischen Modellen spiegeln,
- in theoretische Modelle einordnen,
- mit ähnlich gelagerten Untersuchungen vergleichen.

In diesem Block müssen Sie auch Aussagegrenzen, Schwächen oder Fehler der eigenen Untersuchung thematisieren, z. B.

- Wie verlässlich und belastbar sind die Ergebnisse?
- Lassen die Rücklaufquoten weitreichende Schlüsse zu?
- Zeigte sich bei der Auswertung, dass einzelne Fragen nicht präzise oder missverständlich formuliert waren?
- Gibt es Fragen, die von vielen Teilnehmern nicht, nicht vollständig oder fehlerhaft bearbeitet wurden?
- Gibt es Indizien dafür, dass die Befragten den Fragebogen nicht sorgfältig genug bearbeitet haben oder typische Verzerrungsmechanismen aufgetreten sind? Zu denken wäre etwa an **Response-Sets** (→ Befragte reagieren nicht flexibel auf Frageninhalte, sondern folgen einem statischen Antwortmuster), **Antworten im Sinne sozialer Erwünschtheit** (→ Befragte geben nicht ihre wirkliche Meinung wieder, sondern versuchen den vermuteten Vorlieben des Auswerters zu entsprechen), **Pseudo-opinions** (→ Befragte beantworten auch Fragen, zu deren Inhalten sie eigentlich keinen Informationshintergrund haben) oder **Beantwortungsinkonsistenzen** (→ Befragte beantworten Fragen mit ähnlicher Zielrichtung sehr unterschiedlich; aufdecken kann man dies mit Kontrollfragen).

Solche Erörterungen zeigen, dass Sie kritische Distanz zu den eigenen Ergebnissen wahren sollten. Es ist allemal besser, Sie thematisieren solche Schwachstellen der Untersuchung proaktiv selbst, als dass der Korrektor den „Finger in diese Wunden legt“. Im ersten Fall zeigen Sie wissenschaftliche Seriosität, im zweiten Fall eher sorglosen Umgang mit empirischen Ergebnissen.

Mit dem Basisrüstzeug für eine Fragebogenuntersuchung sind Sie jetzt ausgestattet. Ich wünsche Ihnen nun eine spannende Untersuchungsfrage, viel Kreativität und fachliches Geschick bei der Entwicklung zielgenauer Fragestellungen, eine motivierte Zielgruppe mit einer hohen Antwortbereitschaft und interessante Befragungsergebnisse, mit denen Sie Ihren Auftraggeber überraschen können und die einen hohen praktischen und wissenschaftlichen Nutzen stiften.

Anhang 1: Bewertungsformular für wissenschaftliche Arbeiten

Beurteilung einer wissenschaftlichen Arbeit

Name: ....

Matrikel-Nr.: ....

Thema: ....

Noten: **1. Arbeit** .... **2. Vortrag** .... **3. Gesamt**......

Datum .... **Unterschrift:**......................................

Kriterium	**Bewertung**	**Beispiele** (Seitenzahlen)
I. Gliederung (10%)	☐**1** ☐**2** ☐**3** ☐**4** ☐**5**	
– angemessene Tiefe	☐1 ☐2 ☐3 ☐4 ☐5	Seite ....
– Logik und Zweckmäßigkeit der Problemstrukturierung	☐1 ☐2 ☐3 ☐4 ☐5	Seite ....
– Gewichtung der Gliederungsteile	☐1 ☐2 ☐3 ☐4 ☐5	Seite ....

Bemerkungen:

....

....

....

....

....

....

....

....

II. Inhalt (50%)	☐**1** ☐**2** ☐**3** ☐**4** ☐**5**	
– Vollständigkeit	☐1 ☐2 ☐3 ☐4 ☐5	Seite....................
– Aspektvielfalt	☐1 ☐2 ☐3 ☐4 ☐5	Seite....................
– themenfremde Ausführungen	☐1 ☐2 ☐3 ☐4 ☐5	Seite....................
– kritische Distanz/eigene Meinung	☐1 ☐2 ☐3 ☐4 ☐5	Seite....................
– Innovationsgrad	☐1 ☐2 ☐3 ☐4 ☐5	Seite....................
– sachliche/inhaltliche Fehler	☐1 ☐2 ☐3 ☐4 ☐5	Seite....................
– vorschnelle/undifferenzierte Pauschalaussagen	☐1 ☐2 ☐3 ☐4 ☐5	Seite....................
– Erarbeitung eines klaren Ergebnisses	☐1 ☐2 ☐3 ☐4 ☐5	Seite....................

Bemerkungen:

....

....

....

....

....

....

....

....

....

....

....

....

....

....

....

....

....

....

....

....

....

....

III. Literaturarbeit (20%)	**☐1 ☐2 ☐3 ☐4 ☐5**	
– Quellenzahl	☐1 ☐2 ☐3 ☐4 ☐5	Seite ....
– Quellenqualität	☐1 ☐2 ☐3 ☐4 ☐5	Seite ....
– Aktualität der Quellen	☐1 ☐2 ☐3 ☐4 ☐5	Seite ....
– relevante Literatur verarbeitet	☐1 ☐2 ☐3 ☐4 ☐5	Seite ....
– Zitationsarbeit	☐1 ☐2 ☐3 ☐4 ☐5	Seite ....
– Mehrfachbelege/Konträrbelege	☐1 ☐2 ☐3 ☐4 ☐5	Seite ....
– Trennung eigenes/fremdes Gedankengut	☐1 ☐2 ☐3 ☐4 ☐5	Seite ....
Bemerkungen:		
IV. Formulierungen/ Argumentation (10%)	**☐1 ☐2 ☐3 ☐4 ☐5**	
– Roter Faden	☐1 ☐2 ☐3 ☐4 ☐5	Seite ....
– Widerspruchsfreiheit/Logik	☐1 ☐2 ☐3 ☐4 ☐5	Seite ....
– Prägnanz/Eindeutigkeit	☐1 ☐2 ☐3 ☐4 ☐5	Seite ....
– Verständlichkeit	☐1 ☐2 ☐3 ☐4 ☐5	Seite ....
– Fachtermini	☐1 ☐2 ☐3 ☐4 ☐5	Seite ....
– Definitionen (Vorhandensein und Konsistenz)	☐1 ☐2 ☐3 ☐4 ☐5	Seite ....
– Redundanzen, Wiederholungen	☐1 ☐2 ☐3 ☐4 ☐5	Seite ....
– Überzeugungskraft der Argumentationsketten	☐1 ☐2 ☐3 ☐4 ☐5	Seite ....
– Vermeidung von Leerformeln	☐1 ☐2 ☐3 ☐4 ☐5	Seite ....
Bemerkungen:		

V. Formvorschriften/Optik (10%)	**☐1 ☐2 ☐3 ☐4 ☐5**	
– Zitierregeln	☐1 ☐2 ☐3 ☐4 ☐5	Seite ....
– Literaturangaben	☐1 ☐2 ☐3 ☐4 ☐5	Seite ....
– Gliederung/Abkürzungsverzeichnis/Titelblatt	☐1 ☐2 ☐3 ☐4 ☐5	Seite ....
– Rechtschreibung/Zeichensetzung	☐1 ☐2 ☐3 ☐4 ☐5	Seite ....
– ästhetischer Gesamteindruck	☐1 ☐2 ☐3 ☐4 ☐5	Seite ....
– Sorgfalt	☐1 ☐2 ☐3 ☐4 ☐5	Seite ....
– Tabellen/Grafiken	☐1 ☐2 ☐3 ☐4 ☐5	Seite ....
Bemerkungen:		
VI. Sonstiges	**☐1 ☐2 ☐3 ☐4 ☐5**	
– Einhaltung Seitenvorgabe	☐1 ☐2 ☐3 ☐4 ☐5	Seite ....
– sinnvolle Integration des Anhangs	☐1 ☐2 ☐3 ☐4 ☐5	Seite ....
– Zusammenfassung/Thesenblatt	☐1 ☐2 ☐3 ☐4 ☐5	Seite ....
Abschließende Beurteilung		

Anhang 2: Bewertungsformular für Präsentationen

Bewertung Präsentation

Name: ....

Matrikel-Nr.: ....

Thema: ....

Note:
....

Datum .... **Unterschrift:**......................................

Kriterium	Bewertung
I. Inhalt (50%)	☐**1** ☐**2** ☐**3** ☐**4** ☐**5**
– Vollständigkeit	☐1 ☐2 ☐3 ☐4 ☐5
....	
– Fehlerfreiheit	☐1 ☐2 ☐3 ☐4 ☐5
....	
– Themenbezug der Ausführungen	☐1 ☐2 ☐3 ☐4 ☐5
....	
– Zutreffende Schwerpunktsetzung	☐1 ☐2 ☐3 ☐4 ☐5
....	
– Angemessene Mischung zwischen Breite und Tiefe	☐1 ☐2 ☐3 ☐4 ☐5
....	

Kriterium	Bewertung
II. Verständlichkeit: Aufbau und didaktisches Konzept (20%)	**☐1 ☐2 ☐3 ☐4 ☐5**
– Einführung/Hinführung zum Thema	☐1 ☐2 ☐3 ☐4 ☐5
…………………………………………………………	
– Klarheit der Aufbaustruktur (Gliederung)	☐1 ☐2 ☐3 ☐4 ☐5
…………………………………………………………	
– Schrittweises Vorgehen	☐1 ☐2 ☐3 ☐4 ☐5
…………………………………………………………	
– Zielgruppenorientierung/Berücksichtigung von Vorwissen	☐1 ☐2 ☐3 ☐4 ☐5
…………………………………………………………	
– Untersetzung mit überzeugenden Beispielen	☐1 ☐2 ☐3 ☐4 ☐5
…………………………………………………………	
– Rückversicherungen zum Verständnis	☐1 ☐2 ☐3 ☐4 ☐5
…………………………………………………………	
– Beantwortung von Fragen/Umgang mit Einwänden	☐1 ☐2 ☐3 ☐4 ☐5
…………………………………………………………	
III. Rhetorik und Vortragsstil (10%)	**☐1 ☐2 ☐3 ☐4 ☐5**
– Akustische Verständlichkeit	☐1 ☐2 ☐3 ☐4 ☐5
…………………………………………………………	
– Freie Rede	☐1 ☐2 ☐3 ☐4 ☐5
…………………………………………………………	
– Ausdruckspräzision	☐1 ☐2 ☐3 ☐4 ☐5
…………………………………………………………	
– Sprechtempo und Pausen	☐1 ☐2 ☐3 ☐4 ☐5
…………………………………………………………	

Kriterium	Bewertung
Fortsetzung: Rhetorik und Vortragsstil	
– Flüssigkeit des Vortrags	□1 □2 □3 □4 □5
....	
– Freiheit von Füllwörtern, Floskeln und Redundanzen	□1 □2 □3 □4 □5
....	
– Lebendigkeit (Mimik, Gestik, Betonung, Bewegung)	□1 □2 □3 □4 □5
....	
– Blickkontakt/Orientierung auf das Auditorium	□1 □2 □3 □4 □5
....	
IV. Einsatz von Präsentationshilfsmitteln (10%)	□**1** □**2** □**3** □**4** □**5**
– Angemessene Verwendungsintensität	□1 □2 □3 □4 □5
....	
– Angemessener Methodenmix	□1 □2 □3 □4 □5
....	
– Abstimmung zwischen Vortrag und Hilfsmitteln	□1 □2 □3 □4 □5
....	
– Handhabungssouveränität	□1 □2 □3 □4 □5
....	
– Lesbarkeit/Sichtbarkeit	□1 □2 □3 □4 □5
....	
– Ästhetik und Sorgfalt der Gestaltung	□1 □2 □3 □4 □5
....	

Kriterium	Bewertung
V. Sonstiges (10%)	**☐1 ☐2 ☐3 ☐4 ☐5**
– Zeiteinhaltung	☐1 ☐2 ☐3 ☐4 ☐5
…………………………………………………………	
– Motivation und Einbeziehung des Auditoriums	☐1 ☐2 ☐3 ☐4 ☐5
…………………………………………………………	
– Subjektive Gesamtwirkung auf das Auditorium	☐1 ☐2 ☐3 ☐4 ☐5
…………………………………………………………	
– Nervosität	☐1 ☐2 ☐3 ☐4 ☐5
…………………………………………………………	

Weitere Rückmeldungen:

…………………………………………………………

…………………………………………………………

…………………………………………………………

…………………………………………………………

…………………………………………………………

…………………………………………………………

…………………………………………………………

…………………………………………………………

…………………………………………………………

…………………………………………………………

…………………………………………………………

…………………………………………………………

…………………………………………………………

…………………………………………………………

…………………………………………………………

…………………………………………………………

…………………………………………………………

…………………………………………………………

…………………………………………………………

…………………………………………………………

…………………………………………………………

…………………………………………………………

STICHWORTVERZEICHNIS